国家社会科学基金青年项目（19CJL016）
教育部人文社会科学研究青年基金项目（17YJC790007）
南京审计大学青年教师科研培育项目（18QNPY002）　资助
江苏省一流专业（财政学）建设优秀成果
江苏省政府留学奖学金

中国制造业资本体现式技术进步及行业差异性研究

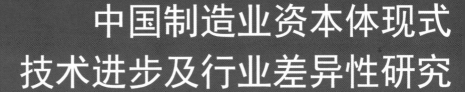

Research on the Capital-embodied Technical Progress and Industry Differences in China's Manufacturing Industry

陈　欢　著

中国财经出版传媒集团

经济科学出版社

Economic Science Press

图书在版编目（CIP）数据

中国制造业资本体现式技术进步及行业差异性研究／
陈欢著 . —北京：经济科学出版社，2019.7
ISBN 978 - 7 - 5218 - 0700 - 4

Ⅰ. ①中… Ⅱ. ①陈… Ⅲ. ①制造工业 - 资本投资 -
研究 - 中国 Ⅳ. ①F426.4

中国版本图书馆 CIP 数据核字（2019）第 148570 号

责任编辑：杜　鹏　刘　悦
责任校对：王肖楠
责任印制：邱　天

中国制造业资本体现式技术进步及行业差异性研究
陈　欢　著
经济科学出版社出版、发行　新华书店经销
社址：北京市海淀区阜成路甲 28 号　邮编：100142
编辑部电话：010 - 88191441　发行部电话：010 - 88191522
网址：www. esp. com. cn
电子邮箱：esp_bj@ 163. com
天猫网店：经济科学出版社旗舰店
网址：http://jjkxcbs. tmall. com
固安华明印业有限公司印装
710×1000　16 开　9.75 印张　170000 字
2019 年 11 月第 1 版　2019 年 11 月第 1 次印刷
ISBN 978 - 7 - 5218 - 0700 - 4　定价：49.00 元
（图书出现印装问题，本社负责调换。电话：010 - 88191510）
（版权所有　侵权必究　打击盗版　举报热线：010 - 88191661
QQ：2242791300　营销中心电话：010 - 88191537
电子邮箱：dbts@ esp. com. cn）

前　言

　　经济增长方式的转变一直是中国宏观经济政策关注的重要内容，早在2014 年的中央经济工作会议上就提出了中国经济发展已进入"新常态"，经济发展方式转变已经刻不容缓。改革开放以来，中国经济稳定增长已经持续40 年，但在经济快速增长、贸易总量持续增加和高资本投入的同时，全要素生产率不仅没有得到明显提高，反而呈现出下降的趋势。本书的研究正是尝试对这种悖反的现象进行解释。本书以制造业为研究对象，测度了中国制造业的技术进步偏向及其演进规律，并考察了不同行业技术进步偏向的差异性，在此基础上，将融合在设备资本中的资本体现式技术进步纳入研究范围，重新对制造业部门及其细分行业的技术进步进行测度，并重点考察了资本体现式技术进步对经济增长的贡献及其行业差异性，尝试找出不同类型行业技术升级的路径。

　　改革开放以来，中国积极引进和吸收国外先进技术设备和管理经验，并通过国际贸易和外商直接投资（FDI）的技术溢出效应等方式不断提高技术水平，但全要素生产率增长率却呈现下降趋势，究其原因在于以技术进步中性为假定的全要素生产率不能代表技术进步的全部，因为它没有考虑融合在设备资本中的体现式技术进步。本书第 3 章是资本体现式技术进步测算的机理分析，通过构造内生增长模型描述了资本体现式技术进步的路径；第 4 章利用三方程标准化系统法对中国制造业及其细分行业技术进步方向进行测算，并考察了技术进步方向的动态演进过程。研究发现，制造业及其细分行业技术进步并非是中性的，而是呈现出明显的资本偏向性。在证明制造业各行业技术进步有偏的基础上，第 5 章利用 1990～2012 年的制造业及其分行业的数据，将资本分为建筑资本和设备资本，通过构建资本质量指数对设备资本进行调整，并考虑了资本品投资的即期服务效率和资本形成率，对制造业分行业资本体现式技术进步和中性技术进步对经济增长的贡献进行测算，并分析了资本体现式技术进步的行业差异性。在此基础上，根据制造业各行业技术进步的差异性，探索了在产业结构调整和转型升级过程中不同行业技术升级的发展路径。第 6 章是本书主要结论、启示及展望部分。

　　本书的主要创新在于：第一，现有研究大多只估计了研究期内技术进步偏向的均值，而本书通过构建测度单期技术进步偏向的理论模型，为考察技术进步偏向的演进规律提供了有效手段；第二，本书通过构建制造业分行业资本质量指数，在考虑资本即期服务效率和资本形成率的基础上，考察了分行业资本体现式技术进步及其行业差异性。

作　者

2019 年 5 月

Contents

目录

第1章
引 言

1.1 选题背景

1.1.1 要素驱动向创新驱动转变

制造业作为国民经济的支柱产业,是衡量一国综合实力的重要标志。自20世纪90年代以来,中国制造业一直保持较高速度的增长。联合国工业发展组织公布的统计资料显示,在1991~1995年、1995~2000年和2000~2006年三个时期,中国制造业增加值年均增长率分别为12.3%、8.3%和10.3%,增长速度不仅远高于同期世界的平均增长率(1.7%、3.3%和1.7%),而且也高于同期其他发展中国家的平均增长率(4.9%、4%和5%)①。2010年,中国制造业总产值超越美国,成为世界最大的制造业国家,在500多种工业产品中有220多种的产量位居世界第一位,工业制成品的出口规模高居全球首位,中国已经成为全球最大的制造业国家。然而,中国虽是制造业大国,

---

① 李钢,金碚,董敏杰.中国制造业发展现状的基本判断 [J].经济研究参考,2009,(41):46-49.

但并不是制造业强国，与发达国家的先进水平仍存在较大的差距。长期以来，中国制造业一直处于全球产业价值链的低端环节，产业竞争力较弱，且随着中国劳动力成本的提高以及资本投资效益的不断降低，依靠要素驱动的发展方式已经不能支撑中国制造业快速发展的要求。党的十八届三中全会提出"制造业转型升级"和"创新驱动"的要求，李克强总理在政府工作报告中更是明确指出要"实施创新驱动的发展战略"，促使中国制造业从当前的"要素驱动"向"创新驱动"转变，最终实现制造业的结构调整和转型升级。

1.1.2　研究技术进步的迫切性

近些年以来，转变经济增长方式一直是中国宏观经济政策关注的重要内容。2014年的中央经济工作会议更是明确指出，中国经济已经进入"新常态"，同时，2015年的两会也将经济增长的目标下调到7%，并指出要实现稳定增长与结构调整之间的平衡①。制造业部门作为国民经济的主要部门，是产业结构调整的重要组成部分。在大多数国家，技术创新基本上都发生在制造业部门，技术进步也被认为是实现制造业产业结构升级的根本途径。改革开放以来，中国通过不断学习发达国家先进的技术和管理经验，利用国际贸易和外商直接投资（FDI）等的技术溢出效应，通过技术引进、吸收和再创新，不断提高技术水平，并使得经济保持平稳较快增长。但是，在经济高增长、知识不断积累以及资本高投入的同时，以全要素生产率衡量的技术进步对经济增长的贡献率却不断下降，这引起了学术界对技术进步测度的广泛关注。与此同时，通过国际贸易和FDI等方式引进与吸收国外先进技术并提高技术水平，使中国复制了发达国家的技术进步方向，导致中国出现了劳动收入份额逐年降低以及技能溢价水平不断扩大等一系列问题。这就引发了本书的思考，全要素生产率是否能够准确地衡量技术进步对经济增长的贡献？随着中国技术进步水平不断提高，原有的技术进步方式能否适应制造业转型升级的发展要求？在结构调整的过程中，为实现制造业技术升级不同行业应遵循怎

---

① 详见2015年政府工作报告。

样的发展路径？这些问题使关于技术进步的研究显得尤为重要。

1.1.3 已有研究中存在的诸多问题

目前，有关技术进步的研究文献大多以技术进步中性的 C-D 生产函数为基础，假定技术进步为中性，技术进步测度方面仍采用全要素生产率进行估计，没有考虑非同期资本质量的变化和融合在设备资本中的体现式技术进步。20 世纪 80 年代以来，中国全社会固定资产投资每年的增长速度超过 10%，但全要素生产率的计算结果却表明，经济增长质量并未得到明显改善。在 1983～1988 年、1988～1993 年、1993～1998 年和 1998～2003 年期间，全要素生产率的均值分别为 5.6%、3.4%、4.1% 和 3.8%，其中，1993～1998 年虽有一定的改善，但是其整体下降的趋势并没有发生实质性的变化，1993～2003 年相对于 1983～1993 年更是平均下降了约 1%。可见，根据传统的技术进步测算方法所得到的技术进步，不仅没有出现预期的增长现象，反而呈现出不断下降的趋势，这表明经济增长方式没有向集约型方向发展，经济增长质量不断下降。究其原因在于，利用全要素生产率测算技术进步，隐含着技术进步与资本积累相互独立的假定，仅能够衡量中性技术进步的大小，无法测算新增设备资本品的质量变化，即没有考虑资本体现式技术进步。而正确估计技术进步的大小，并分析制造业及其细分行业资本体现式技术进步和中性技术进步对经济增长贡献的行业差异性，对于探索不同行业制造业技术升级路径具有重要意义。

1.2 研究目的与研究意义

1.2.1 研究目的

改革开放以来，中国技术水平不断提高，技术进步对于促进经济增长起到了重要的作用。有关技术进步的研究也一直是国内学术界研究的热点。但是，当前很多研究仍是建立在技术进步中性的假定基础上进行的，而各国发展的实际情况已经不断证明，技术进步是有偏的。近些年，虽然一些研究证明了中国技术进步是非中性的，且就技术进步偏向资本达成了共识，但是，目前关于经济增长核算的研究中对技术进步的测度仍大多采用全要素生产率，假定技术进步为中性，没有考虑不同时期设备资本的质量以及生产率的差异，对资本体现式技术进步的研究较少。而正确测度中性技术进步和资本体现式技术进步及其对中国经济增长的贡献，对于正确选择中国制造业技术进步方式、探索中国制造业转型升级的路径至关重要。本书的研究目的在于：借鉴已有的研究，对中国制造业及其细分行业技术进步方向进行测算，考察中国制造业技术进步方向的演进特征以及行业差异性；在证明中国制造业技术进步有偏的基础上，将技术进步分为中性技术进步和资本体现式技术进步，并以内生增长理论为基础，通过构建理论模型，证明资本体现式技术进步对经济增长的作用；进一步，将资本分为建筑资本和设备资本，通过构建资本质量指数，重新对中国制造业技术进步进行测算，并重点考察资本体现式技术进步的作用；在此基础上，估计制造业各细分行业资本体现式技术进步和中性技术进步对经济增长的贡献，根据各行业技术进步贡献的不同，探索制造业转型升级过程中各行业技术进步的发展路径。

1.2.2 研究意义

内生经济增长理论强调技术进步是经济增长的源泉，仅依靠要素投入无法实现经济长期可持续增长。随着中国经济持续快速的增长，研究技术进步对经济增长的贡献自然成为学术界关注的焦点。由于技术进步方向对要素收入份额和经济增长有重要影响，因而逐渐成为当前研究的热点。当前关于技术进步方向的研究大多都是针对宏观层面，且测度的技术进步方向都是一段时间内的均值，没有考察各年度技术进步方向的演进过程。同时，对技术进步的测度仍然以技术进步中性为基础的全要素生产率进行，没有考虑技术进步有偏情形下技术进步的测度。实际上，技术进步与要素投入并非呈相互独立的关系，技术进步通常与设备资本相融合，全要素生产率的方法没有考虑资本体现式技术进步对经济增长的作用，从而必将低估技术进步的贡献。而制造业作为国民经济的支柱产业，是衡量一个国家综合国力的重要标志，是一国国际竞争力的主要来源，而且在大多数国家，技术进步也主要发生在制造业部门。且当前中国正处于工业化中期向工业化后期过渡的关键时期，准确测算中国制造业技术进步的方向及其对经济增长的贡献，对于探索中国制造业转型升级过程中技术升级的发展路径，促进中国制造业健康发展具有重要的理论和现实意义。

本书研究的现实意义在于：改革开放以来，通过进口国外先进的机器设备，引进和模仿国外先进的生产技术等方式，中国制造业得到了空前的高速发展。制造业创造了1/3的国内生产总值，出口产品中的90%来自制造业部门，其在推动经济增长和促进就业中发挥了重要作用。但是，由于中国制造业在国际价值链分工中处于低端环节，主要以消耗资源以及提供廉价劳动力为基础，使中国陷入了"高投入、高消耗、高污染"的粗放型发展模式，出现了产品附加值低、产品竞争力弱以及自主创新能力不强等一系列问题。因此，中共中央提出了转变经济发展方式，促进制造业结构升级的战略方针，力求使中国制造业由"大而不强"向"又大又强"转变。而明确制造业部门技术进步的方式，准确测度制造业各行业中性技术进步和资本体现式技术进步对经济增长的贡献，对于探索制造业分行业转型升级的发展路径具有重要的现实意义。首先，本书考察了改革开放以来中国制造业技术进步的方向及其演进趋势；其次，在技术进步有偏的基础上，根据内生增长理论构造理论模型，证明资本体现式技术进步对经济增长的贡献性；最后，通过构建资本质量指数，并考虑资本的即期服务特征，将资本积累过程中的资本体现式技术进步从设备资本中进行剥离，考察制造业各细分行业技术进步的差异性，试图找出转型升级过程中各行业技术升级的发展路径。

本书研究的理论意义在于：技术进步方面的研究虽然一直都是学术界关注的焦点，但这些研究大多都假定技术进步为中性。近年来，虽有文献开始关注技术进步的有偏性，但大多都是针对全国层面或者省级层面，缺少针对制造业行业层面的研究。更为重要的是，大多数研究仍然采用全要素生产率对技术进步进行衡量，没有考虑隐含在设备资本中的体现式技术进步，从而低估了技术进步对经济增长的贡献。同时，当前关于资本体现式技术进步的研究大多停留在定性层面，实证方面的研究较少，且主要是针对宏观层面的研究，分行业资本体现式技术进步的测算几乎没有。而对制造业分行业资本体现式技术进步对经济增长的贡献进行测算，分析制造业各行业技术进步的差异性，对于探寻各行业技术进步的路径具有重要意义。因此，本书试图对制造业分行业资本体现式技术进步对经济增长的贡献进行估计，从而更加全面地考察技术进步对经济增长的作用，根据制造业各行业的技术进步构成的差异性，探寻制造业转型升级过程中不同行业技术升级的发展路径。

1.3　研究内容与研究方法

1.3.1　研究内容

改革开放以来，中国经济快速增长，但依据传统方法衡量的技术进步对经济增长的贡献不仅没有出现预期增长反而持续下降，这引起了笔者的思考：传统测算技术进步的方法以技术进步中性的假定为基础，将不能由生产要素投入解释的部分全部归为全要素生产率，这种方法是否合理？改革开放以来，技术进步方向呈现怎样的演进过程？怎样更加准确的衡量技术进步对经济增长的贡献？本书的研究思路正是沿着这些疑问一步步进行的。因此，本书的主要研究思路如下：由于采用全要素生产率衡量技术进步的传统测算方法，无法对经济高速增长、贸易总量不断提高与全要素生产率贡献率不断降低的现象进行解释，这引起了对全要素生产率能否准确衡量技术进步的疑问，进而引发了对中性技术进步假设的思考，从而有必要考察中国制造业及其细分行业的技术进步方向。因此，本书采用三方程标准化系统法估计了中国制造

业技术进步的方向，实证结果表明中国制造业技术进步是偏向资本的，证明
了传统的技术进步测算方法是不合理性的。即通过假定资本积累与技术进步
相互独立，将不能由生产要素投入解释的部分全部归为全要素生产率，不能
代表技术进步的全部，因为它没有考虑技术进步会与设备资本相融合的体现
式技术进步。因此，有必要对中国制造业及其细分行业的技术进步进行重新
测度，同时考虑中性技术进步和资本体现式技术进步对经济增长的贡献。
进一步，通过比较不同行业资本体现式技术进步和中性技术进步对经济增
长贡献的差异性，给出了制造业在结构调整过程中不同行业的技术升级
路径。

本书的具体章节安排如下。

第 1 章，引言。本章主要介绍本书的选题背景、研究目的和研究意义，
明确研究内容和研究方法，提出本书的研究难点及创新点，起到统领全书的
作用。

第 2 章，理论基础与文献综述。本章首先介绍与本书研究相关的理论，
主要包括经济增长理论、技术进步理论和技术创新理论；其次，梳理国内外
有关技术进步、技术进步偏向、资本体现式技术进步的测度方面的文献，总
结已有研究取得的成果，更重要的是分析现有研究的不足及局限性，为本书
研究的必要性提供佐证。

第 3 章，资本体现式技术进步测度的机理分析。本章旨在构建中国制造
业资本体现式技术进步估算的分析框架，具体来说，首先，通过分析技术创
新和技术溢出等因素对技术进步的作用，发现 FDI、国际贸易以及模仿创新等
方式在促进中国技术水平不断提高的同时，导致技术进步在演进过程中逐渐
发生偏向；其次，通过构造技术进步偏向的基本模型，为下文测度制造业技
术进步偏向提供理论基础，同时分析了资本价格扭曲、要素禀赋等对技术进
步偏向的作用机制，并描述了改革开放以来中国技术进步偏向的演进规律；
最后，在内生增长理论的基础上，借鉴格林伍德等（Greenwood et al.，1997）
的方法，通过构建一个两部门模型，分析了资本体现式技术进步的路径及其
对经济增长的贡献性。

第 4 章，中国制造业技术进步偏向的演进特征及行业差异性分析。首先，

利用 1980～2011 年中国制造业及其细分行业的数据，通过联立要素需求函数和标准化的 CES 生产函数，采用标准化供给面系统方法对中国制造业的资本—劳动替代弹性和技术进步偏向指数进行了测度，发现制造业呈现出明显的资本偏向性；其次，通过借鉴萨托和莫里塔（Sato and Morita，2009）提出的测度要素技术进步速率指数方法，推导出单期资本和劳动技术进步速率的估计模型，进一步考察中国制造业技术进步方式演进特征，刻画改革开放以来制造业技术进步的演进趋势和阶段性特征；最后，采用标准化系统法对制造业分行业技术进步偏向进行测算，并考察了各行业技术进步偏向的差异性及其产生的原因，为下文测算资本体现式技术进步提供了佐证。

第 5 章，中国制造业资本体现式技术进步的估算及行业差异性分析。第 4 章已经得出中国制造业技术进步是偏向资本的，说明用全要素生产率衡量技术进步的传统核算方法是错误的，因为它假定技术进步与资本积累相互独立，并假定技术进步为中性，无法测算出隐含在技术设备投资中的技术进步，其结果必将低估技术进步对经济增长的贡献。因此，基于资本体现式技术进步的视角重新对技术进步进行估计是必要的。本书在借鉴赵志耘等（2007）研究的基础上，首先将资本分为建筑资本和设备资本，在假定非同期设备资本质量不同的基础上，通过比较建筑资本和设备资本的价格指数，构建了制造业及其分行业的资本质量指数。其次，在考虑资本形成率和即期服务效率的基础上，通过回归分析，根据质量调整前后中性技术进步贡献的差异，测度出资本体现式技术进步对制造业经济增长的贡献。最后，采用与测算制造业整体资本体现式技术进步相同的方法，对制造业分行业资本体现式技术进步进行了估算，并分析了不同行业资本体现式技术进步的差异性，在此基础上，分析制造业在结构调整过程中不同行业技术升级的路径。

第 6 章，结论、启示与展望。总结本书得出的主要结论，提出相应的政策建议，并指出本书研究的局限性及进一步研究方向。

本书研究的技术路线如图 1.1 所示。

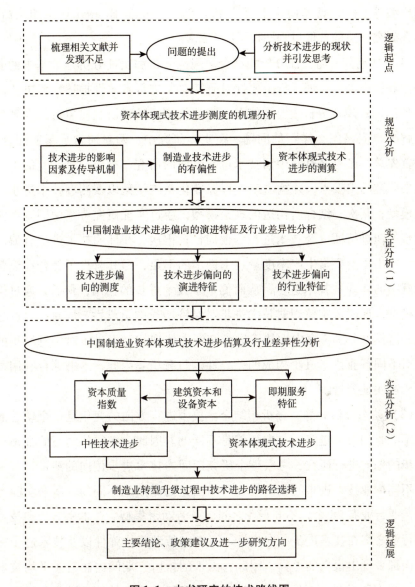

图 1.1 本书研究的技术路线图

1.3.2 研究方法

本书在研究过程中利用了基于面板数据的非线性似不相关回归、向量自回归模型等方法，具体操作主要使用了 Stata11.0 和 Eviews7.0 中相关命令。本书在研究方法的选取过程把握了以下原则。

（1）规范分析与实证分析相结合。规范分析和实证分析是最基本的研究方法。具体来说，实证分析主要针对研究对象进行事实性描述，解决"是什么"的问题；规范分析主要是依据一定的价值标准对研究对象进行合理性判断，解决"应该怎么样"的问题。在实际研究中，两者通常是紧密配合的。本书首先总结已有文献对中国技术进步方向的研究，指出现有研究的不足以及本书研究的出发点，并构造三方程标准化系统模型以及测度技术进步方向指数模型；其次，结合所构造的理论模型，通过实证研究考察中国制造业技术进步的演进特征以及技术进步的偏向性；再次，在证明技术进步有偏的基础上，指出用全要素生产率度量技术进步的不足，即其忽视了融合在设备资本投资中的体现式技术进步，从而低估了技术进步的作用；最后，通过构造理论模型，证明资本体现式技术进步对经济增长的贡献性，同时，通过建立计量经济模型分别考察中性技术进步和资本体现式技术进步对经济增长的作用，对不同行业技术进步构成的差异性进行分析。因此，本书综合利用了规范分析和实证分析。

（2）动态分析和静态分析相结合。技术进步方向的变化是一个动态的过程，不同时期技术进步的方向可能是不同的。因此，必须从动态的视角对技术进步的偏向进行研究，考察整个研究期间内技术进步偏向的演进过程。同时，不同行业技术进步的偏向及其影响因素的作用是不同的，本书实际考察的制造业行业有 28 个，不同行业之间以及劳动密集型、资本密集型和技术密集型行业之间在技术进步方向特征、资本和劳动替代弹性以及技术进步速率等方面都表现出很大的差异，因此，深入剖析研究期间内制造业平均技术进步的"静态"差异，对于考察制造业转型升级过程中的技术进步路径选择是必要的。因此，本书综合利用了动态和静态分析的方法。

（3）比较分析和系统分析相结合。比较分析是本书的一个重要研究方法。由于制造业行业特征的不同，技术进步偏向资本和劳动替代弹性以及增长速率存在差异，而且不同行业资本体现式技术进步和中性技术进步特征对经济增长的贡献也不同。因此，在研究各行业技术进步的路径选择时，应当采用比较分析的方法才能得到有针对性的结论。本书不仅从整体上估算了制造业技术进步偏向，而且对分行业技术进步的偏向进行比较研究，分析了不同行业的技术进步速率以及技术进步偏向差异性。在此基础上，通过构建不同行业的资本质量指数，考察了不同行业资本体现式技术进步对经济增长贡献的差异性，并据此提出了制造业分行业在转型升级过程中的技术升级的发展路径。

1.4　难点及创新点

1.4.1　难点

（1）采用标准化供给面系统方法对制造业及其细分行业资本—劳动替代弹性和技术进步偏向指数的测算是本书的一个难点。首先，由于要素替代弹性是技术进步偏向指数方程中的重要变量，因此，研究技术进步偏向的问题关键是对要素替代弹性的测度。目前，关于资本—劳动替代弹性的测算还没有统一的标准，常用的方法包括推断法、单方程模型估计方法和标准化供给面系统法（简称"标准化系统法"）。其中，标准化系统法（klump et al.，2007、2012）通过联立标准化的 CES 生产函数、资本需求函数及劳动需求函数三个方程，考察了要素替代弹性和技术进步速率的相互影响，不仅消除了单一方程的估计误差，还解决了参数的可识别问题，使得要素替代弹性、资本和劳动技术进步速率的测算更加稳健，因此，本书拟采用标准化系统法对制造业及其细分行业的资本—劳动替代弹性和技术进步偏向指数进行估计，而标准化系统方程的估计本身就是一个难点，它需要根据非线性似不相关回归（nlsur）对联立方程组进行测度，且可借鉴的实证文献较少。

（2）资本体现式技术进步的测算是本书研究的又一难点。传统采用全要素生产率衡量技术进步仅代表外生中性的技术进步，无法衡量隐含在设备资本中的技术进步，进而无法涵盖技术进步的全部，从而低估了技术进步对经济增长的作用。为了更全面地考察中国制造业的技术进步，必须有效地识别并剥离融合在资本积累过程中的资本体现式技术进步。目前，有关这一问题的研究仍是学术界研究的难点和前沿。由于本书是以制造业分行业为研究对象，并考虑不同时期资本质量的变化，因此，制造业分行业资本质量指数的估算是本书的又一难点。对此，本书将资本分为建筑资本和设备资本，借鉴赵志耘等（2007）的观点，将建筑投资品的技术进步率与国民经济其他部门技术进步率视作一致，通过比较设备投资品价格与其他物品的价格来计算设备体现的技术进步率，从而采用工业行业分工业生产者出厂价格指数和设备投资品价格指数的比值得到了制造业各细分行业的资本质量指数。同时，制造业分行业建筑资本和设备资本存量的估计也是一个难点，本书根据黄勇峰（2002）的估算结果，并借鉴黄先海等（2006，2008）、陈诗一（2009，2011）等的方法，最终得到了制造业细分行业建筑资本和设备资本存量数据。

1.4.2　主要创新点

（1）本书利用标准化系统法对制造业分行业技术进步的方向进行了研究，并通过构建测度单期技术进步偏向的理论模型，为考察技术进步偏向的演进规律提供了有效手段。虽然有少数文献也采用标准化系统法对技术进步的方向进行了测度，但是他们的研究要么集中在国家宏观层面，要么是针对省际的面板数据，没有对分行业技术进步方向进行研究。而且已有的研究都是估计研究期内技术进步偏向的均值，没有考察技术进步的演进特征。本书以制造业分行业为研究对象，不仅考察了制造业各行业技术进步的方向以及行业特征，还分析了改革开放以来制造业技术进步的动态演进趋势及阶段性特征，从而有利于更好地研究中国制造业技术进步的演进规律。

（2）本书通过构建制造业分行业资本质量指数，在考虑资本即期服务效率和资本形成率的基础上，考察了分行业资本体现式技术进步及其行业差异性。现有文献对技术进步的测算大多是以技术进步中性为基础，假定技术进步与要素积累相独立，由于这种方法没有考虑融合在设备投资过程中的体现式技术进步，其测度的全要素生产率只是中性的技术进步，无法涵盖技术进步的全部，导致了对技术进步贡献的低估。如何有效地剥离和测算资本体现式技术进步是学术界研究难点和前沿，虽有少数文献开始研究资本体现式技术进步，但大多都是基于全国层面的分析，对制造业分行业的资本体现式技术进步的研究几乎处于空白。在证明中国制造业技术进步有偏的基础上，将资本分为建筑资本和设备资本，构建了制造业分行业的资本质量指数，并通过构建理论和实证模型，将资本体现式技术进步从设备资本中剥离，重新测度了技术进步对经济增长的贡献，并重点考察了资本体现式技术进步对经济增长的贡献及其行业差异性，归纳出了制造业转型升级过程中不同行业技术升级的路径。

第2章
理论基础与文献综述

本书研究目的是重新对中国制造业技术进步进行测度，重点考察制造业资本体现式技术进步及其行业差异性，准确分析改革开放以来技术进步对经济增长的贡献，并试图找出在产业结构调整过程中不同行业技术升级的发展路径。在梳理相关文献时，首先，对技术进步相关理论简要回顾；其次，梳理现有文献中关于技术进步偏向的相关研究；最后，分析现有文献中对技术进步的测算方法，指出已有研究中存在的不足，从而为本书的研究提供佐证和经验借鉴。

2.1　相关理论基础

2.1.1　经济增长理论

经济增长是指在一个较长时期内一国或地区人均产出或收入水平的持续增加。经济增长理论是经济学理论中的重要内容之一。最早关于经济增长理论的研究是亚当·斯密（Adam Smith，1776）所著的《国富论》一书，他将劳动视作主要的生产要素，认为劳动分工、资本积累是经济增长的源泉，强调劳动的专业化分工对经济增长具有重要作用。大卫·李嘉图（David Ricardo，1817）在斯密研究的基础上，强调劳动对象和劳动工具的改进对经济增长的作用。凯恩斯（Keynes，1936）通过《就业、利息和货币通论》一书创立了现代宏观经济体系，提出了著名的有效需求理论。哈罗德（Harold，1939）和多马（Domar，1946）两位经济学家在凯恩斯有效需求理论的基础上，通过将原本静态或比较的、短期的凯恩斯理论长期化和动态化，建立了哈罗德—多马经济增长模型，奠定了现代经济增长理论的研究基础。

2.1.1.1 哈罗德—多马经济增长理论

1939 年，英国经济学家哈罗德（Harrod）在其发表的论文《论动态理论》中建立了第一个经济增长的模型，并在 1948 年其所著的《动态经济学导论》中进一步详细阐述了他的经济增长思想。美国经济学家多马（Domar）于 1946 年和 1947 年发表的论文《资本扩张、增长率和就业》和《扩张与就业》中，提出了一个与哈罗德相类似的模型，且两人的模型是独立的，经济学界将两者提出的模型统称为"哈罗德—多马"模型。哈罗德—多马模型是建立在凯恩斯的有效需求基础上，该模型的构建为定量研究经济增长问题提供了可能，揭开了现代经济增长理论的研究序幕。

哈罗德—多马模型试图解释经济处于稳态增长时需要满足的条件，即讨论当收入和投资以怎样的速度增长时，经济能够按照固定的增长率保持持续增长。它的基本假设如下：一是整个经济社会只生产一种产品，即将社会中生产的各种产品抽象成为一种产品；二是经济中只有资本和劳动两种生产要素，且资本与劳动以及资本与产量的比例是固定的；三是规模报酬是不变的，要素报酬是递减的；四是劳动人口按照一个固定的比率 n 增长；五是不存在技术进步，资本没有折旧。从资本的需求供给角度来分析，哈罗德将相关的经济因素抽象为三个主要的变量：（1）储蓄率 $s = S/Y$，其中，S 表示居民总储蓄，Y 表示国民总收入。（2）资本—产出比 $v = K/Y$，其中，K 表示资本存量。由于假定不存在技术进步，则有 $v = K/Y = \Delta K/\Delta Y = I/\Delta Y$，因为假定资本不存在折旧，$I$ 表示净投资。（3）有保证的经济增长率 $g_w = \Delta Y/Y$，表示在储蓄率和资本—产出比不变的情况下，经济达到稳态时的产出或收入增长率。可见，哈罗德—多马模型是以凯恩斯的有效需求理论为基础的，即计划投资 = 储蓄，这样就可以得出哈罗德—多马增长理论的基本表达式：$g_w = s/v = \Gamma s$，其中，$\Gamma = 1/v$ 为常数，则有保证的增长率与储蓄率成比例。

从劳动力投入的角度分析，哈罗德模型讨论了人口增长率和劳动增长率与经济增长的关系。由于假定不存在技术进步，则劳动增长率为零，经济增长主要来自人口增长，所以可以得到 $g_z = g_n = n$，其中，g_z 为自然增长率，表示经济社会能够实现的最大增长率，g_n 表示人口增长率。根据假设二可知，产出增长率不可能大于 n，为了实现充分就业，自然增长率 g_z 表示一国实现充分就业时的增长率。

综合资本供求和劳动力投入两方面因素，可知一国经济要想实现稳态增长，需要满足如下等式：$g = g_w = g_z$，即稳态时的经济增长率等于有保证的经济增长率，等于自然增长率。根据均衡时的条件可知，经济增长率等于储蓄率和资本—产出比的比值。按照哈罗德—多马模型，由于资本—产出比相对稳定，为了实现某一目标增长率，只需考虑取相应的储蓄率就可以了，这显然不符合现实。哈罗德—多马模型的不足之处就在于，其均衡时的条件往往难以实现，因为储蓄率、资本—产出比以及人口增长率都是模型难以控制的外生变量，而且模型本身也不具备自身调节能力，一旦不均衡的情况发生，就只能束手无策地任其发展下去。

2.1.1.2 新古典经济增长理论

从前面的分析可知，哈罗德—多马模型是建立在凯恩斯理论的基础上，只适用于短期分析的情形，生产函数为设定的固定形式。但是，在长期资本和劳动等生产要素之间是相互替代的，从而生产函数的形式不再是固定的。1956 年，美国经济学家索洛（Solow）和英国经济学家斯旺（Trevor W. Swan）几乎同时提出了相同的增长模型，对哈罗德—多马模型存在的缺陷进行了一定的修正，用新古典生产函数替代了原来固定形式的生产函数，从而进一步推动了经济增长理论的发展，后来的经济学家将他们提出的增长理论称为"新古典经济增长理论"或"索洛—斯旺模型"。

索洛—斯旺模型的基本假设如下：一是要素之间是可以相互替代的，如一定量的资本可以和不同数量的劳动相配合，同样，一定数量的劳动也可以搭配不同数量的资本，两者之间比例是可变的，这与哈罗德—多马模型中资本和劳动配合比例固定的假定是不同的。二是假定经济社会是完全竞争的，根据资本和劳动两者能够相互替代的假定可得，利润率和工资率将会分别等于资本的边际生产率和劳动的边际生产率，从而使资本和劳动不会再出现闲置的情形，资本和劳动都会得到充分利用。因此，当经济达到稳态时，在市场机制的作用下经济将自发实现充分就业，从而使经济增长主要取决于要素供给增加和技术进步的贡献。三是资本存在折旧。

新古典增长模型侧重于资本积累，其最核心的方程为：$\Delta k = sf(k) - (n + \delta)k$，其中，$\delta$ 表示资本折旧率，$f(k)$ 表示人均产出，其余变量与哈罗德—多马模型中的定义一致。根据模型的假定可知，在长期，经济将自发的收敛到均衡，此时 $sf(k) = (n + \delta)k$。如图 2.1 所示，在储蓄率、人口增长率和资本折旧率的共同作用下，经济中的人均资本存量将收敛到 k^* 的水平，此时的人均产出水平为 $f(k^*)$。由这一结论可知，在长期经济无法实现持续的增长。

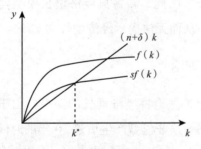

图 2.1　新古典经济增长模型

新古典经济增长理论的不足之处在于：首先，由于新古典经济增长模型假定长期中经济会自发的收敛到一个稳定的人均资本或产出的水平，经济无法实现长期持续的增长，这与人类不断发展的事实不相符；其次，新古典经济增长假定经济会收敛到稳态水平，不同国家的经济发展会趋同，这与发达国家和发展中国家贫富差距不断加大的事实相违背。

新古典经济增长理论由于存在上述两个严重的缺陷，因而受到人们的大量批评。为了弥补上述的缺陷，新古典增长模型尝试在原有的分析框架下引入技术进步因素，使经济能够实现长期持续的增长。引入技术进步后新古典经济增长模型的资本积累方程如下：$\Delta k' = sf(k') - (n + \delta + g_t)k'$，其中，$k'$ 表示考虑技术进步时的人均资本存量，即人均有效劳动资本存量；g_t 表示技术进步率。当经济处于稳态时，人均有效劳动资本存量将收敛到 k'^* 的水平，相应的人均有效产出为 $f(k'^*)$。此时，虽然人均有效资本存量处于稳定的水平，但是人均资本将以技术进步速率 g_t 的速度增长，人均产出、人均消费也都按技术进步速率保持持续增长。因此，加入技术进步因素后的新古典经济增长模型使经济能够实现长期稳定增长。

在模型中加入技术进步的因素，虽然能够使经济在长期内实现持续增长，但是模型并没有解释技术进步是如何决定的，将技术进步的源泉归功于外生的技术进步因素，使新古典增长模型再次遭到了人们的质疑。假定技术进步是外生的，意味着将经济增长取决于人们无法进行预知和控制的外生变量，这使新古典增长理论再次陷入了非常尴尬的处境，以至于巴罗和萨拉—伊—马丁（Barro and Sala-I-Martin，1995）指出新古典经济增长模型解释了一切却无法解释长期经济增长。因此，新古典经济增长模型实际上无法解释技术进步如何推动经济增长，从而无法揭示经济增长的实质。

2.1.1.3 新增长理论

由于新古典经济增长理论将经济增长的源泉归因于外生的技术进步，这一致命缺陷使得在索洛—斯旺模型产生后近 30 年的时间里，关于经济增长理论的研究一直停滞不前。一直到 20 世纪 80 年代中期，以罗默（Romer，1986）和卢卡斯（Lucas，1988）等为代表的经济学家提出新经济增长理论，才使经济增长理论再次成为学术界关注的焦点，各国也积极使用这一理论指导经济活动。新经济增长理论是由持有相同或相似观点的经济学家提出的经济增长模型的集合，其共同特征是在模型中引入规模报酬递增的因素，并将技术进步内生化。因此，这一理论又被称为"内生增长理论"。

1. 新经济增长理论之前经济学家的探索。

（1）"边干边学"模型。1962 年，阿罗（Arrow）在其发表的论文《边干边学的经济学含义》中提出了"边干边学"模型，试图通过技术外部性弥补新古典经济增长理论的缺陷，并将知识的增进内生化于模型中以解释经济增长。阿罗的这一将外生技术进步内生化的初步尝试，成为后来新增长理论的重要思想源泉。

阿罗模型中有两个重要的假定：一是将"干中学"作为知识不断积累的渠道。他认为生产率的提高是通过厂商在进行投资过程中不断积累经验实现的，生产经验的积累是厂商投资的副产品，资本积累增多的同时，生产经验也会相应地增加。二是知识具有溢出效应。知识是公共产品，一个厂商积累的经验可以为整个经济所使用，知识外部性的存在使得生产经验会随着资本水平的增加而增加，从而促进生产率的提高，使"边干边学"成为经济长期增长的源泉。"干中学"模型的均衡增长率公式为：$g = n/(1 - \sigma)$，其中，σ 为学习系数；n 为人口增长率。阿罗的模型很好地解释了内生经济增长，但是他将经济的长期增长率归因于外生的人口增长率和学习效率，是什么决定了人口增长率和学习效率呢？模型中并没有给出解释，这使其存在一定的缺陷。

（2）引入教育部门的两部门模型。除了阿罗的"边干边学"模型外，宇泽弘文（Uzawa，1965）提出的包含教育部门的两部门模型同样对新增长理论产生重要的影响。模型的假定如下：首先，经济中存在两个部门，一个是生产一般产品的产品部门；另一个是生产知识的教育部门，生产部门可以利用教育部门生产的知识提高生产效率。其次，经济中只有资本和劳动两种生产要素，劳动被分为两部分，即投入到生产部门的劳动 L_p 和投入到教育部门的劳动 L_e，技术进步正是通过教育部门的劳动力 L_e 进行体现的。最后，生产部门的生产需要资本和劳动，教育部门的生产仅仅需要劳动。宇泽弘文将总量生产函数形式设定为：$Y = F(K, AL_p)$，其中，A 表示技术水平，K 表示资本存量，L_p 表示生产部门投入的劳动。技术水平 A 通过教育部门生产的知识得到提高，其公式为：$\dot{A}/A = \Phi(L_e/L)$，其中，$\Phi(\ )$ 表示技术进步的函数，满足 $\Phi' \geq 0$，$\Phi'' \leq 0$。通过求解动态最优化问题，发现平衡增长路径的条件是资本增长率等于技术进步率。因此，经济不会收敛，人均资本存量会按照技术进步的速度一直增长。

宇泽弘文的两部门模型通过引入教育部门，从而使规模报酬递增，技术进步按照固定的增长率持续增长，经济增长的源泉是教育部门。但是模型没有给出教育部门是如何使技术进步率保持稳定增长的以及其实现的机制是什么，尽管对于这些问题宇泽弘文都无法给予合理的解答，但是宇泽弘文通过引入教育部门使规模报酬递增，并将经济增长源泉归于教育部门，无疑给后来的经济学家提供了重要启发。

2. 罗默的知识溢出模型。新古典增长理论假设边际报酬递减，从而无法解释经济的持续稳定的增长。索洛—斯旺的模型为了解释现实中经济的持续增长，只好在模型中加入外生的技术进步因素，但是因无法解释技术进步的决定因素，使其备受诟病。要想解释长期经济增长，必须摒弃原有的边际报酬递减的理论框架，引入边际报酬递增的因素。在阿罗"边干边学"模型的基础上，罗默（Romer，1986）在其发表的论文《收益递增与长期增长》中引入了收益递增的概念，并将知识作为收益递增的因素，建立了知识溢出模型，标志着增长理论的复兴。他认为知识具有较强的"外部性"和"非竞争性"，使一种知识可以被很多人同时使用而不会产生相互影响。知识一旦产生，会通过两个渠道作用于经济增长：一是通过用于生产其他物质产品，能够提高生产效率；二是通过知识积累产生作用，即通过溢出效应促进新知识的产生。

罗默的模型通过引入收益递增的概念，揭开了新增长理论研究的序幕，具有十分重要的地位。但是罗默的模型仍有很大的值得改进的空间。首先，模型无法提供显性解，只能通过相位图对模型的解进行描述；其次，模型中虽然将收益递增的源泉归于知识，但是对于知识是如何产生的，并没有给出充分合理的解释。当然，经济学家围绕着知识的产生和扩展等进行了大量的研究，时至今日这些研究仍没有停止。

3. 卢卡斯的人力资本模型。卢卡斯（Lucas，1988）在其发表的论文《论经济发展机制》中，提出人力资本积累是经济增长的源泉。他赞同罗默（Romer，1986）的边际报酬递增的观点，并认为人力资本正是这一边际报酬递增的因素，从而创立了著名的人力资本模型。

卢卡斯认为，生产过程中除了物质资本和劳动力因素以外，还存在人力资本因素。人力资本通过两种途径对产出产生作用：一方面，通过提高自身的生产力，从而提高了边际产出；另一方面，人力资本通过提高整体经济中的平均人力资本水平，提高了其他所有要素的生产率。卢卡斯将劳动力时间划分为两类：一类用于物质产品的生产，另一类用于人力资本自身的积累，并指出人力资本的积累主要是靠自身的投入，从而较好地回答了人力资本如何积累的问题。他设定的人力资本的线性方程如下：$\Delta h(t) = h(t)\delta[1 - u(t)]$，其中，$h(t)$ 表示人力资本，$u(t)$ 表示劳动力中投入物质生产中的时间比例，$1 - u(t)$ 表示劳动力中投入人力资本积累的时间比例。

同知识一样，人力资本也具有较强的外部性，这使经济增长中会出现社会最优和竞争最优不相等的问题。由于在社会最优的情形中，社会计划者不仅考虑社会平均的人力资本水平，同时还会考虑私人人力资本的外部性。因此，在一般情况下，竞争均衡时的经济增长率要低于社会最优的经济增长率，这也为政府干预经济提供了理论基础。

总之，以罗默、卢卡斯等为代表的新增长理论，通过引入边际报酬递增的因素，成功地将技术进步内生化，从而较好地解释了经济的持续稳定增长。

2.1.2 技术进步理论

2.1.2.1 技术进步的内涵

1. 技术进步的定义。技术进步在经济增长理论的文献中几乎是与经济增长理论同时出现的，学者们从不同角度对技术进步给出了不同的界定，到目前为止尚未形成统一的概念。但综合已有关于技术进步的定义，其中应用最为广泛、最为学者们所接受的是经济合作与发展组织（OECD）在 1988 年给出的定义，它将技术进步看作由三种要素相互交叉、相互作用的综合过程，这三者要素分别为发明、创新和扩散。其中，发明是指新的或者改进的技术设想，来源于科学研究；创新是指新的或者改进的思想的首次商业化实现；扩散是指新的或者改进的新思想在商业化后的广泛应用。

从内容上看，技术进步可以划分为狭义和广义两类。狭义的技术进步是指在生产、流通和信息传播与交流等方面所使用的工具和程序水平的改进、更新和提高，体现在"硬技术"使用方面的进步。具体表现为采用新的生产工艺、新的设备机器、新的操作方法以及开发新产品和改进旧产品，还包括劳动者知识和技能水平的提高等方面。广义的技术进步是指在经济增长中扣除资本、劳动等要素投入的贡献以后，其他所有影响因素的贡献之和。也可以理解为除了"硬技术"方面的进步以外，还包括企业管理水平提高、管理和决策方法的改进、组织和管理制度的不断完善以及资源配置能力等方面，是属于"软技术"方面的进步。因此，技术进步可以提高生产要素的使用效率，当产出增长率大于投入增长率时，就发生技术进步。

2. 技术进步的途径。当前技术进步的实现途径主要可以分为四个方面：技术创新；技术引进和模仿（国际技术溢出或扩散）；"干中学"；人力资本投资。技术创新是实现技术进步的重要保障。一般来说，对于基础性科学技术的研发主要是依靠政府的支持，而技术创新的主体往往是企业或者组织机构。在开放经济条件下，技术引进和模仿已经成为发展中国家追赶技术发达国家的一条捷径，因为发展中国家的经济较为落后，而且政治、经济、文化、制度等原因也限制了它们的研发能力，因此，通过国际贸易和外商直接投资（FDI）的溢出效应，对于提高发展中国家的技术水平至关重要。"干中学"效应是指在在技术引进和模仿过程中，不断积累生产和管理方面的经验，并且能够获得 Do-how 以及 Do-why 等方面的知识，从而提高劳动生产率，进而是技术进步的重要方式。人力资本不仅是知识和资本的重要来源，同时还是技术创新和技术引进的重要基础，新思想的产生及后来的成功实现、技术引进后的消化吸收都需要有坚实的人力资本积累作为基础，人力资本水平越高，技术进步越容易实现。

2.1.2.2 技术进步的类型

将技术进步按照不同的分类标准，可以分为不同的类型。其中应用范围最为广泛的为希克斯（Hicks，1932）、哈罗德（Harrod，1949）以及索洛（Solow，1969）的划分，他们从不同的角度将技术进步划分为中性技术进步、劳动节约型技术进步和资本节约型技术进步。下面我们主要介绍希克斯和哈罗德以及索洛对技术进步的分类。

1. 希克斯对技术进步的分类。从古典经济学派开始，关于技术进步对收入分配的影响作用一直是学者们争论的焦点。希克斯（Hicks，1932）在其所著的《工资理论》中根据技术进步对资本和劳动作用的差异，将技术进步分为中性技术进步、劳动节约型技术进步和资本节约型技术进步三种，从技术进步类型的角度对收入分配进行解释，从而较好地解决了这一困扰学术界的争论。

希克斯中性技术进步是指在资本—劳动比（K/L）不变的条件下，当技术水平发生变化时，资本边际产出（MPK）和劳动边际产出（MPL）的比率保持不变。如图 2.2 所示，纵坐标表示人均资本产出（Y/L），横坐标表示人均资本投入（K/L）。OC 为技术进步未发生时的生产曲线，OC' 为技术进步发生时的生产曲线，并假定生产函数都满足资本边际报酬递减的性质，因此 OC 和 OC' 的斜率不断降低。

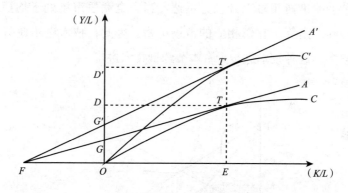

图 2.2　希克斯中性技术进步

当没有发生技术进步时，生产函数曲线 OC 上任一点 T 表示人均资本为 OE 时所对应产出量为 OD，过 T 点作 OC 的切线与横轴交于 F 点，则 OG 为人均工资率。OD 与 OG 的差 DG 为利润，则利润与工资的比值为 DG/OG。由于切线 AF 的斜率为利润率，则 $r = DG/OE = OG/OF$，从而得 $OF = OG/r =$ 工资率/利润率，因此，可以用 OF 测度工资率与利润率的比值。当出现技术进步时，人均资本 OM 所对应的产出为 OD'，此时生产函数的曲线为 OC'，OA' 为 T' 点生产函数 OC' 的切线，OG' 为技术进步发生时的工资率，$D'G'$ 为利润，则利润率 $r' = OG'/OF$，从而 $OF = OG'/r'$ 仍为工资率与利润率的比值。可见，技术进步发生前后，工资率与利润率的比值不变，这说明技术进步不仅提高了劳动的边际产出，同时以相同的比例提高了资本的边际产出，从而同比例地提高了利润率，使工资率和利润率的比值保持不变。因此，希克斯中性的技术进步的特点是，当资本劳动产出比不变的情况下，无论技术进步发生与否，资本边际产出和劳动边际产出的比值保持不变。

同样，当资本—劳动投入比（K/L）保持不变时，如果技术进步使资本边际产出增加的比例大于劳动边际产出增加的比例，则该技术进步为劳动节约型技术进步。如图 2.3 所示，横轴和纵轴分别表示劳动和资本，曲线 S 分别表示没有发生技术进步时的等产量线，射线 OO' 表示资本—劳动比。曲线 S' 分别表示发生技术进步时的等产量线，可以看出相比曲线 S 来说，曲线 S' 离原点较近，表示技术进步发生后只需要投入较少的资本和劳动，就可以产生相同的产量。由于 AB 的斜率小于 AC，有 $P_{L1}/P_{K1} > P_L/P_K$，说明技术进步发生后，劳动的价格相对上升较为迅速。当完全竞争市场处于均衡时，资本和劳动的边际产出等于它们相应的市场价格，因此，技术进步使劳动的边际产出上升较多，这种技术进步为资本节约型技术进步。

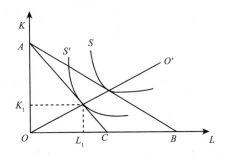

图 2.3　资本节约型技术进步

同理，当资本—劳动投入比（K/L）不变时，技术进步使劳动的边际产出提高比例大于资本边际产出的提高比例，则称为资本节约型技术进步。如图 2.4 所示，当技术进步发生后，等产量曲线由 S 向原点移动到 S''，直线 AB 的斜率大于 BD 的斜率，有 $P_{L2}/P_{K2} > P_L/P_K$，技术进步使资本的边际产出增加的比例更大，因而发生了劳动节约型的技术进步。

2. 哈罗德对技术进步的分类。哈罗德对技术进步的分类尤其是哈罗德中性技术进步在经济增长的分析中也有较大的影响，因此，我们有必要对哈罗

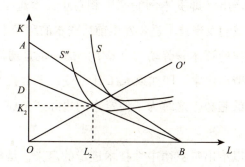

图 2.4　劳动节约型技术进步

德中性技术进步进行介绍。哈罗德中性技术进步的主要思想就是分析技术进步发生前后利润率相等的两个点的情况。如图 2.5 所示，纵坐标和横坐标的含义同图 2.2 一样，OC 和 OC' 分别表示技术进步发生前和技术进步发生后生产函数的曲线，过 T 点和 T' 的两条切线 GA 和 $G'A'$ 是相互平行的（与图 2.2 不同）。直线 GA 的斜率 $= GD/DT = GD/OE$，表示单位人均资本的利润，即表示技术进步发生前的利润率。直线 $G'A'$ 的斜率 $= G'D'/DT' = G'D'/OE'$，表示技术进步发生后的利润率。由于两条直线的斜率是相等的，所以技术发生前后的利润率是相同的。OO' 是从原点引出的一条直线，与生产函数曲线 OC 和 OC' 分别交于 T 点和 T' 点，因此，这两点在同一条直线 OO' 上，有 $ET/OE = E'T'/OE' = Y/K$，即技术发生前后资本—产出比保持不变。

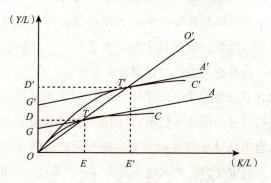

图 2.5　哈罗德中性技术进步

假定市场是完全竞争的，则在市场均衡时有资本的边际产出等于资本的利润率。由于资本的边际报酬是递减的，当发生技术进步时，在相同的人均资本下资本的边际产出（即资本利润率）相对于技术进步发生前是提高的，而图 2.5 的分析中我们发现技术进步发生前后资本的利润率是不变的，因此，与技术发生后相对应的资本—劳动比（K/L）是一定是增加的，即高于技术进步发生前的资本劳动比率。即如果 K/L 比不变，那么技术进步将会使资本的边际产量有增加的趋势，这时为了使资本的边际产量保持不变，就必须使资本—劳动比提高。

这样我们就可以给出哈罗德中性技术进步的定义，是指当技术进步发生后，使资本—产出比（K/Y）保持不变的增大的 K/L 比水平也同样会使利润率保持不变，也可以理解为技术发生前后的两种生产函数曲线上利润率相等的点，其资本—产出比（K/Y）也一定相同。在技术进步发生后的生产函数曲线上，如果在利润率相等的点资本—产出比（K/Y）大于技术进步发生前，则为劳动节约型技术进步；同理，在技术进步发生后的生产函数曲线上利润相等的点，如果其资本—产出比（K/Y）小于技术进步发生前，则为资本节约型技术进步。

由哈罗德中性的分析可知，它与希克斯中性的技术进步的定义是不完全相同的。尽管两者都认为中性技术进步条件下，要素收入在国民经济分配中的份额是不变的。但是哈罗德中性技术进步更强调技术进步能够抵消资本利润率的下降，即使资本—产出比不断提高，资本深化水平不断加大，但资本收入份额却能够保持不变。由于技术进步发生前后资本边际产出保持不变，这种技术进步的作用主要是使得劳动的效率得到提高，相当于给每单位劳动分配了更多的资本。因此，哈罗德中性技术进步的生产函数一般形式可记为 $Y = F[K, A(t)L]$，也被称为劳动增长型技术进步。

3. 索洛对技术进步的分类。索洛（1969）对技术进步的分类与哈罗德对技术进步的分类相似（如图 2.6 所示）。假定市场为完全竞争市场，劳动的边际报酬递减，则当市场处于均衡时，劳动的边际产出等于工资率。这样，我们可以将索洛中性的定义为：技术进步发生后，使劳动—产出比（L/Y）保持不变而降低的资本—劳动比（K/L）同样也会使工资率保持不变，即技术进步发生前后的两种生产函数中工资率相等的点，其劳动—产出比（L/Y）也一定相同。在技术进步发生后的生产函数上，如果在工资率相等的点劳动—产出比（L/Y）大于技术进步发生前，则为资本节约型技术进步；同理，当技术进步发生后的生产函数工资率相等的点，如果其工资—产出比（L/Y）小于技术进步发生前，则为劳动节约型技术进步。

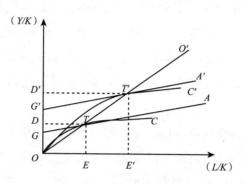

图 2.6　索洛中性技术进步

当索洛中性技术进步出现时，要素收入份额将保持不变，这一点与哈罗德中性技术进步是相同的。与哈罗德技术进步的不同之处在于，索洛中性技术进步更加强调技术进步对工资率下降的抵消。由于在技术进步发生后，劳动的边际产出或工资率保持不变，从而索洛技术进步主要是使资本的效率得到提高，相当于给每单位资本分配了更多的劳动。因此，索洛中性技术进步的生产函数一般形式可记为 $Y = F[A(t)K, L]$，也被称为资本增长型技术进步。

2.1.3　技术创新理论

2.1.3.1　技术创新的内涵

熊彼特（J. A. Schumpeter）在其《经济发展理论》一书中最早提出"创新"的概念，并在 1939 年《商业周期》中较为全面地阐述了创新理论。他认为创新就是把一种新的生产要素组合投入到新的生产环境中以期获得潜在的超额利润的过程。其中，这种新的生产要素组合就是指创新的内容，它主要包括以下几个方面：对原有产品的改进和更新或者是新产品的生产；一种新的生产方法或者技术的发明和利用；新市场的开辟；新资源的发现，包括原材料或者半成品；实行一种新的企业管理形式，即企业组织创新。可见，熊彼特所阐述的创新具有广泛的内涵，不仅包括新产品的开发和使用、新技术的发明和应用及其他与技术密切相关的内容，还包括实行新的企业组织形式、企业管理方式等与制度相关的内容。但是，与技术相关的创新活动是其创新观点的主旨。然而，尽管熊彼特最早给出了创新的定义和内涵，也将与技术相关的创新活动作为其主要内容，但是，他并未提出"技术创新"这一概念。

自熊彼特提出创新理论以后，学者们开始从多个角度对创新进行了大量研究，但是，截止到目前尚没有形成统一的概念。最早提出"技术创新"概念的学者是索洛（Solow，1951），他在熊彼特研究的基础上，对技术创新理论进行了全面的研究，提出了技术创新的实现应该同时具备的两个条件：新思想的产生以及后面的实现发展，学者们称其是技术创新概念研究过程的一个重要发现。此后很多学者的很多研究也基本与索洛一致。直到1962年，伊诺思（J. L. Enos）从行为集合的角度明确给出了技术创新的定义，他将技术创新定义为一系列行为综合的结果，包括发明的选择、计划的制定、市场开盘等。威廉·鲍莫尔（William·J. Baumol）认为，企业的创新活动包括生产性的和非生产性的多种表现形式，各种形式的创新活动都会对经济增长和企业效益产生重要的影响，并指出当前研究中所涉及的创新活动基本都局限在企业层面，属于创新活动的狭义范畴。曼斯菲尔德（Edwin Mansfield）对技术创新的定义最为学者们所接收，他指出技术创新是新产品或新过程被首次引进过程中所包含的生产技术、设计理念、生产流程和管理方式等步骤。缪尔赛（R. Mueser）通过梳理学者们关于技术创新的主要观点和论述，发现大约有3/4的文献对技术创新的理解基本相同，即认为技术创新是将一种新想法或者间断的技术活动，经过一定时期的发展，并通过对其进行不断改进、更新和完善，一直到最终实现应用的过程。以此作为基础，将技术创新定义为以新颖构思和成功实现为主要特征的具有意义的非连续事件。这一概念主要包括两方面的主要内容：首先强调技术创新的新颖性和非连续性；其次指出技术创新的可实现性。

除了上述学者们给出的技术创新的概念，一些组织和研究机构也对技术创新的概念进行了界定。OECD 将技术创新界定为新产品和新工艺的开发和应用，以及对原有产品和工艺的改进使其技术发生明显提高，并在生产工艺上应用了创新或者市场上实现了创新，即为技术创新。美国国家科学基金会（NSF）于 1969 年在其公布的一份研究报告中对技术创新进行了界定，指出创新是技术变革的集合，技术创新从新的思想或想法开始，并在处理问题的过程中得到不断修正和补充直至完善，并最终成功将一项具有社会价值和经济效益的项目推广和应用的复杂过程[1]，这个界定相对较窄。到了 20 世纪 70 年代下半期，NSF 又对技术创新的概念进行了补充，将技术模仿和没有新技术知识参与的改进活动作为两类创新引入技术创新中，从而拓展了技术创新的范围。

随着中国改革开放的不断推进以及西方关于技术创新研究的影响，从 20 世纪 90 年代开始，中国学者也掀起了技术创新研究的热潮。徐庆瑞（1990）将技术创新定义为从新思想产生一直到最终生产出满足社会需要的产品的全过程，包括技术创新的推广、应用、扩散以及创新成果本身等。傅家骥（1992）将技术创新分为狭义和广义两个方面，狭义的技术创新是指企业家为了抓住潜在的市场机会，对生产要素、生产工艺以及企业组织进行重新整合，从而建立生产效率更高、成本费用更低以及组织效率更高效的生产经营系统的过程；广义的技术创新是指除了狭义的技术创新外，还包括企业的研发活动以及创新扩散的过程。徐晓峰（1996）认为，技术创新是从新产品或者新工艺的设想开始，经过生产实验环节到推向市场应用直至成功实现销售的全过程，它包括新思想的产生、中间试验、商业化生产、市场应用和市场扩散的一系列活动。1998 年 8 月中共中央、国务院对技术创新给出了明确的界定：技术创新是指企业应用新思想、新技术或新工艺，并将其与新的生产方式和组织管理方式相结合，不断改进和提高产品质量，通过研发新产品和开展新服务，从而最终取得市场份额并实现市场收益和社会价值的活动。

---

[1] 具体可参见 NSF 在 1969 年公布的研究报告《成功的工业创新》。

2.1.3.2 技术创新的分类

为了进一步了解技术创新的本质和特性，我们可以从不同的角度对技术创新进行分类。技术创新的分类方法大体可以归结为两个范畴：一个是宏观与微观分类法，主要是根据创新的层次和范围进行划分的，如英国科学政策研究机构（SPRU）提出的技术创新产出分类法就是具有代表性的宏观分类法；另一个是创新主体和客体分类法，主要是根据创新活动的技术变化强度与对象进行划分，如弗里曼提出的客体分类法①。可见，按照不同的标准可以将技术创新分为不同的类型，在这里我们不一一进行讨论了，仅介绍渐进性创新和根本性创新、产品创新和工艺创新、自主创新和模仿创新这三类。

1. 渐进性创新和根本性创新。渐进性创新又被称为改进型创新，是指对现有技术进行的不断改进而产生的渐进式的和连续性的创新活动。这种技术创新对企业来说是经常采取的形式，也是最为重要的一种方式。企业要想使所生产的产品能够在市场上一直保持竞争优势，就必须不断地对产品进行改进，以便当市场上的其他竞争者也生产出类似的产品时，原有企业能够通过提供更好的产品性能、更低的成本以及更优质的服务等取得优势。

根本性创新也被称为重大创新，它是指技术上产生重大突破的创新。一般是在市场需求和技术推动下产生的，这种创新往往伴随着一系列产品创新和工艺创新，使产品的生产技术发生根本性的变化，并可能在一定时期内引起产业结构的变化。一般而言，这种创新相对较少，所耗费的资源也较多，能够给经济和社会带来重大影响。如喷气式发动机、录像机等的出现，都带来了一系列新的产业。

2. 产品创新和工艺创新。产品创新是指将技术上得到改进的产品成功实现商业化的过程。根据技术变化大小可以将其划分为重大的产品创新和渐进的产品创新两类。重大的产品创新是指采用新的技术方法或者生产原理得到一种全新产品的创新活动。如贝尔发明的电话、斯佩里兰德发明的计算机等都是应用新的科学方法和原理生产出全新产品的例子。渐进的产品创新是指

---

① 傅家骥．技术创新学［M］．北京：清华大学出版社，1998.

根据市场对产品的需求，对原有产品进行的功能上的拓展和质量上的改进，在科学方法和技术原理上没有发生重大的变化。如苹果公司每年推出的苹果手机系列、软件公司推出的更新服务等都属于这一类型。这些都是对原有产品的功能进行微小的升级或者对原有功能进行的重新组合，但是，正是这些不断改进的活动满足了人们日益增加的对产品功能的需求，也使企业保持了在市场上的竞争地位。可见，相对于渐进的产品创新而言，重大的产品创新一般难度较大，必须拥有先进的科研能力，同时配备充足的资金和丰富的人力资本等，往往是以新技术的发明和相关原理的重大突破为标志。

工艺创新也被称为过程创新，是指产品生产过程中所使用的生产工艺、机器设备以及企业组织运作方式等技术方式的变化。同产品的技术创新一样，它也可以分为重大的工艺创新和渐进的技术创新两类。工艺创新的目的并非只在于使产品的生产成本得到降低，还要求在保证产品质量的前提下，不断提升产品生产效率，从而带来经济效益的提高。同时，工艺创新还包括企业组织方式、管理方法以及服务方面的创新。因此，工艺创新在技术创新中具有重要的地位。

3. 自主创新和模仿创新。自主创新是指企业通过自身的长期积累与不断探索取得生产技术和管理方式的突破，并以此来推动创新活动后续环节的有序进行，从而实现技术的市场化并取得商业利润的过程。自主创新具有以下的主要特点：首先是技术突破的内生性，这是自主创新的本质，即自主创新是企业依靠自身的努力和不断的积累，通过独立的研发设计等活动获得的；其次是技术与市场开发方面的率先性，即自主创新企业必须将技术上的领先作为其追求的目标，同时需要将技术研发的成果迅速转化为商品以占领市场，以防止跟进企业抢占市场，侵蚀其技术研发的成果，自主创新的优势正是通过技术上和市场开拓两方面的领先实现的；最后是知识和能力支持的内生性，在自主创新的过程，企业除了依靠知识积累和较强的研发能力实现技术上的突破，同时还需要凭借自身力量推进创新后续过程的进行，这些都需要企业自身积累的知识和能力支持来实现。中国在《"十一五"规划的建议》中明确提出并描述了自主创新，指出自主创新包括原始创新、集成创新以及引进吸收的再创新。自主创新的提出为中国技术创新指明了方向，对中国经济发展具有重要的战略意义。

模仿创新是指企业通过引进、购买或者破译技术创新者的关键技术，模仿率先者的创新思路和创新行为，通过不断进行开发、补充等方式完善率先者研发的技术，从而使产品在功能、质量和价格方面取得竞争优势，以获得经济效益的行为。模仿创新具有以下几个特点：首先是其模仿性，这也是其最为突出的特点，即企业是在模仿技术创新者成果的基础上，通过改进和补充等方式进一步完善产品的功能、质量等，以取得相应的竞争优势。这点明显有别于自主创新，表现在技术上积极跟进，市场上进一步发展率先者已开辟的市场。其次是研发上的针对性，即从事模仿创新的企业并非完全照搬技术率先者的技术，而是对率先者开发的技术进行补充和完善，这往往需要投入大量的研发力量。这样做的优势是可以避免重复技术的研发，将研发的重点放在核心技术密集以及生产工艺改进与完善方面。

2.1.3.3 技术创新的来源

创新源是指开发某项新技术并将其成功进行应用的个人、企业或者机构等组织。国内外学者经过大量的理论和实证研究，发现创新源的种类繁多，且不同的创新类型以及不同的产业，其创新源往往存在差异。冯希普（Hippel）等根据创新与创新者之间的关系，将创新源分为用户创新、制造商创新和供应商创新，并对一些行业的创新按照创新源的贡献进行了划分。如在科学仪器领域，技术创新中有77%来自用户创新，23%来自制造业创新；在工程塑料领域，技术创新中仅有10%来自用户，其余部分均来自制造商。沃夫（Warf）也进行了类似的研究，在以氮气和氧气为原料的设备创新领域，42%来自用户创新，17%为制造商创新，其余为提供原料的供应商创新；在以热塑塑料为原料的设备领域，技术创新中的43%来自用户，14%来自制造商，其余来自供应商。可见，用户、制造商以及供应商都是非常重要的创新源，且不同的行业各创新源的贡献不同。在实际生活中，并非是由制造商控制着产品创新的所有过程，用户或供应商同样是重要的创新源。用户或者供应商发现某种市场需求并通过研发建立创新原型，再由制造商进行完善并推广到市场应用中。

对于创新源的另一个争论是关于大企业、小企业和个人谁才是主要的创新主体的问题。梅耶斯和马克维斯认为，创新的数量与企业的大小并不存在明显的对应关系，大企业的技术创新并不一定多于小企业。曼斯菲尔德（Mansfield）的研究也发现，企业规模与创新数量并不存在因果关系，企业规模与创新之间存在着一个临界值。在不同的历史时期，创新主体往往不同。20 世纪 80 年代以前，大多数创新尤其是产品创新都来自个人或者小企业。但是近些年情况发生了变化，1980 年美国专利局批准的 6 万多项专利中有超过 3/4 的专利来自大企业，造成这种现象的原因可能是，科技研究往往需要大量设备投入以及不同学科的研究人员的共同合作，小企业往往难以承担。同时，对于不同行业来说，不同的发展阶段以及产业结构方面的差异也会对创新主体产生影响。

2.2 技术进步偏向的相关研究综述

自从索洛（1957）开创性地推导出经济增长的核算方程以来，经过乔根森和格瑞里茨（Jorgenson and Griliches，1967）、迪威特（Diewert，1976）等学者的研究和扩展，衡量技术进步对经济增长的贡献就成为各国宏观经济分析的重要内容。但是传统采用全要素生产率测算技术进步的方法是建立在希克斯中性的假定基础上，使用 C－D 生产函数或者假定资本—劳动替代弹性为 1 进行估计，这与各国经济发展的事实相悖。技术进步通过影响生产过程中的要素投入，往往表现为劳动增强型或者资本增强型技术进步，并且两者进步的速率往往也是不同步的，从而使得技术进步表现为劳动偏向型或者资本偏向型。

2.2.1 技术进步偏向理论的提出及发展

2.2.1.1 诱致性偏向技术进步

关于技术进步方向的研究最早始于希克斯（1932）的《工资理论》，他将技术进步方向分为资本节约型、劳动节约型和中性技术进步型，并认为技术创新会倾向于节约使用那些价格相对昂贵的生产要素，被称为诱致性偏向技术进步。后来的很多学者沿着的思路，进一步深化了价格效应导致技术进步偏向的观点，其中最具代表性的有费尔纳（Fellner，1961）、肯尼迪（Kennedy，1964）和萨缪尔森（Samuelson，1965）。费尔纳（1961）扩展了希克斯的论述，他从工资的角度对技术进步的方向进行研究，认为工资的持续增长是引起技术进步偏向劳动的主要原因，从而使劳动增强型技术进步不断加强。肯尼迪（1964）从供给的视角，通过引入"创新可能性边界"，分析了要素收入份额的影响因素，发现技术创新是决定要素收入份额的重要原因。在短期内，要素价格的变化会影响要素收入份额；但在长期内，诱导性创新会使经济在处于均衡时的资本和劳动收入份额保持不变。其他学者也得到了类似的结论（Drandakis，1966）。萨缪尔森（Samuelson，1965）在费尔纳和肯尼迪研究的基础上，从降低企业成本的角度构建了一个劳动增强型和资本增强型技术创新的理论模型，从而使企业可以根据成本自主的选择技术进步的偏向。然而，这一时期的诱导性创新理论都存在着较为严重的缺陷，即缺乏微观经济基础，使这一理论受到其他学者的质疑和批评。正如诺德豪斯（Nordhaus，1973）对这一理论的批评："人们无法判断谁会从事研发活动，也不知道怎样给创新进行融资以及定价。"在此后 30 年左右的时间里，该理论都因这一缺陷而没有引起学术界广泛的关注，也没有取得进一步的发展。

2.2.1.2　技术进步偏向理论的发展

20 世纪 90 年以来，随着罗默（1990）、卢卡斯（1988）、格罗斯曼和赫尔普曼（Grossman and Helpman，1993）等对内生经济增长技术变迁理论的研究，以知识资本和人力资本为主的内生增长理论成功地将技术进步内生化，这为诱致性创新理论提供了微观基础，促使人们对诱致创新理论进行更加深入的研究，从而重新引起了学者们对技术进步要素偏向性的研究兴趣。阿西莫格鲁（Acemoglu，1998）通过构建模型将工人分为技能工人和非技能工人，并假定两者采用不同的技术分别生产技能密集型产品和非技能密集型的中间产品，且两种中间产品都是用来生产相同的最终产品，则两类技术所表现的创新能力的差异将会决定技术进步的偏向，从而成功的实现将内生偏向的技术进步模型化。凯里（Kiley，1999）在阿西莫格鲁模型的基础上，将两类中间产品扩展到无数种产品的情形，发现当技能密集型中间产品的数量比非技能型产品的数量增长更快时，技术进步为技能偏向的。

　　早期的诱致性偏向理论存在的另一个问题在于只考虑了价格效应的影响。但是价格的变化或者要素资源的稀缺并不总是会诱发技术进步，反而可能因为成本高昂导致利率下降从而阻碍技术进步的发生。因此，只考虑价格效应对技术进步偏向的影响存在较大的局限性。施莫克勒（Schmookler，1966）最早认识到市场规模对技术进步的影响。阿西莫格鲁（Acemoglu，2002）指出，技术进步偏向主要由要素的价格效应和规模效应共同决定。其中，价格效应是从要素成本最小化的角度进行考虑的，它是建立在要素边际产出与边际成本相等的假定前提下，鼓励发明使用价格更高的要素的技术；市场规模效应是从产出最大化的角度出发，鼓励发明使用范围更广的技术，即使用较为充裕的要素的技术。可见，市场效应偏向于较为稀缺要素的生产技术，而市场规模效应偏向于较为丰裕要素的生产技术，且这两种效应之间是相互竞争的关系，至于哪种效应占主导地位取决于要素之间的替代弹性。当替代弹性较小时（小于1），价格效应占主导；当替代弹性较大时（大于1），市场规模效应占主导。因此，要素价格和市场规模共同决定了技术进步的偏向。阿西莫格鲁在其后来的研究中进一步揭示了影响技术进步的内在机制，不断丰富了技术进步的偏向理论。

　　随着阿西莫格鲁等的一系列研究为技术进步偏向的研究奠定了理论基础，学术界掀起了研究技术进步偏向的热潮，相关研究已经涉及国际贸易理论、发展经济学、劳动经济学等领域。有的学者按照劳动者技能密集型水平的不同将国家分为高技能劳动密集型和低技能劳动密集型国家两大类，考察了进出口贸易对两类国家的技术进步偏向的影响，研究结果发现，技能偏向的不同是导致两国收入差距不断扩大的主要原因（Xu，2001）。阿西莫格鲁和格里瑞里（Acemoglu and Guerrieri，2006）认为，技术进步的偏向是导致经济非均衡增长的主要原因。李尚骜（2010）将内生技术进步方向扩展至技术进步速率的方向，考察了技术进步方向的动态特征。黄先海和徐圣（2009）

通过对劳动收入份额变化率进行分解，并利用中国制造业数据进行实证研究发现，技术进步的资本偏向是中国劳动收入份额下降的重要原因。陈宇峰等（2013）将企业性质与技术进步偏向的研究相结合，也得到了类似的结论。

2.2.2 资本—劳动替代弹性的测算

由于要素替代弹性是技术进步偏向指数方程中的重要变量（戴天仕和徐先祥，2010），因此，研究技术进步偏向的关键是对要素替代弹性的测度，迄今为止学者们对要素替代弹性进行了大量的研究。希克斯（1932）最早提出了"资本—劳动替代弹性"（σ），并用它来分析经济增长过程中的要素收入份额变化。资本—劳动替代弹性是指资本劳动投入变化率的比与这两种要素相对价格变化率的比值，反映了资本和劳动相对价格变化对于两种要素相对投入比例的影响程度。当 $\sigma > 1$ 时，表示资本和劳动两种要素在生产过程中可以相互替代，因此，企业可以根据两者相对价格的差异，选择更多使用相对价格较低要素的技术进行生产；当 $\sigma < 1$ 时，说明资本与劳动之间具有互补关系，在生产过程中这些要素都是不可或缺的，企业可根据资本和劳动相对价格变化，使技术进步朝着提高稀缺要素生产效率水平的方向发展，以弥补稀缺要素的不足。

由于资本—劳动替代弹性是生产函数的重要参数，它的不同取值就对应了不同的生产函数。同时，资本劳动替代弹性还是技术进步偏向指数方程的重要变量，因此，对于它的测度一直是研究技术进步偏向的学者们所面临的关键问题。从 20 世纪 60 年代开始，国外学者就开始对替代弹性进行测算。阿罗等（1961）在技术进步为希克斯中性的假设下，测算出美国在 1909 ~ 1949 年资本劳动替代弹性为 0.57，是最早测算资本—劳动替代弹性的研究者之一。

目前，关于资本—劳动替代弹性的测算还没有统一的标准，常用的方法包括推断法、单方程模型估计方法和标准化供给面系统法（简称标准化系统法）。推断法是根据 CES 生产函数，通过考察资本收入份额与资本—产出比之间的关系，推断要素替代弹性的范围。具体来说，当资本—劳动替代弹性大于 1 时，资本收入份额和资本—产出比呈现显著的负相关关系。当资本—劳动替代弹性小于 1 时，资本收入份额和资本—产出比呈现显著的正相关关系。当替代弹性等于 1 时，两者不显著。推断法正是根据这个原理，通过观察实证结果中资本—产出比的符号来大致判断资本—劳动替代弹性的范围。也有学者通过利用 OECD 国家在 1973 ~ 1990 年间 14 个行业的数据，使用推断法估计了资本—劳动替代弹性的大致范围。但由于推断法无法得出替代弹性的确切数值，使得这一方法的运用存在很大的局限性（Bentolila and Saint-Paul, 2003）。

单方程估计方法主要是建立 CES 生产函数、资本需求函数、劳动需求函数和超对数成本函数等多个方程，然后逐一估计。于恩（Yuhn, 1991）使用超对数成本函数，估算了韩国和美国在 1962 ~ 1981 年的资本—劳动替代弹性，研究结果表明，美国和韩国的要素替代弹性分别大于 1 和小于 1，并指出要素替代弹性的差异是导致韩国经济增长率较高的主要原因。安特拉（Antras, 2004）利用 1948 ~ 1998 年美国私营部门的时间序列数据，通过对总量生产函数、企业利润最大化条件下的资本和劳动的需求方程分别进行估计发现，资本—劳动替代弹性有可能小于 1 甚至更低。也有学者根据总量生产函数测算要素替代弹性，并通过实证研究发现人均资本存量与要素替代弹性之间存在正相关关系（Duffy and Papageorgion, 2000）。标准化系统法是通过联立标准化的 CES 生产函数、资本需求函数及劳动需求函数三个方程，考察要素替代弹性和技术进步速率的相互影响，是目前学术界普遍认可的一种估计方法。克伦普等（Klump et al., 2007）首次使用标准化系统法测度了美国在 1953 ~ 1998 年间的要素替代弹性，研究发现，美国的要素替代弹性在 0.5 ~ 0.8 之间，且资本增强型和劳动增强型技术进步呈现非均等发展的趋势。戴天仕和徐现祥（2010）采用标准化系统法对中国 1978 ~ 2005 年时间序列数据进行估计，测算出中国资本—劳动替代弹性为 0.736，并证明了中国技术进步偏向资本。陈晓玲和连玉君（2012）运用标准化系统法估计了各省区 1978 ~ 2008 年的要素替代弹性，并考察了要素替代弹性和经济增长率之间的关系，证明了"德拉格兰维尔假说"。邓明（2014）运用标准化系统法对中国

1990～2010 年各省区要素替代弹性进行测算，并研究了人口年龄结构与技术进步方向的关系。

2.2.3 技术进步偏向与劳动收入份额

虽然希克斯早在 1932 年就提出了技术进步偏向的概念，但是，由于技术进步偏向缺乏严密的理论模型以及微观基础，同时还受到计量经济学方法的限制，技术进步偏向的研究在早期并没有受到广泛重视。早期关于技术进步偏向性的研究一般集中在运用定性分析的方法检验技术进步的方向。戴维和克伦德特（David and Klundert，1965）的研究成果是最早估计技术进步方向的文献之一，通过利用美国 1899～1960 年的数据，采用 CES 生产函数对美国技术进步方向进行了测度，发现在研究期间内美国技术进步偏向资本。那一时期大量关于发达国家的研究也都得出了技术进步偏向资本的结论（Wilkinson，1968；Sato，1970；Panik，1976）。

但之后很长一段时期内，假定要素收入份额不变的卡尔多事实（Kaldor，1961）越来越为人们所接受，当时关于经济增长的研究中的生产函数也大都采用科布—道格拉斯（Cobb-Douglas，C-D）形式。C-D 生产函数之所以受到学者们的普遍接受，主要是因为这种形式的生产函数具有要素收入份额不变的特征。这一性质不仅是新古典经济增长理论能否达到稳态的重要条件，最重要的是它与经济长期发展过程中的典型经验事实相一致，即不管资本—劳动比值如何变化，要素收入份额都保持不变，这种情形被称为"卡尔多事实"。

然而，进入 20 世纪 90 年代，卡尔多事实逐渐与各国经济发展的实际相违背，这引起了学术界对"卡尔多事实"的重新审视，并将目光转移到技术进步偏向方面，学者们逐渐认识到技术进步方向对要素收入份额有重要影响。布兰查德（Blanchard et al.，1997）认为从 20 世纪 80 年代早期到 90 年代，德国、法国、意大利和西班牙等许多欧洲国家资本收入份额明显上升，从 0.32 上升到 0.40（Blanchard et al.，1997），其中一个可能的解释就是技术进步方向为资本偏向型的。瑞普提（Ripatti，2001）发现传统的 C-D 生产函数无法对 1975 年以来芬兰劳动收入份额下降的事实进行解释，他利用芬兰 1975～2000 年的季度数据估计了该国的资本—劳动替代弹性，测算结果表明替代弹性小于 1（为 0.6），并在此基础上利用 CES 生产函数进一步考察了该国的技术进步方向，发现芬兰技术进步总体上是偏向资本的，而且技术进步的资本偏向是导致劳动收入份额下降的原因之一。

国内研究方面，学者们经过大量研究发现，从改革开放初期到 1996 年间，中国劳动收入份额不断上升，但在此之后就呈现不断下降的趋势，到 2007 年已经降低到 39.7% 的水平。这种现象的出现以及国外偏向性技术进步理论的发展，使中国学者开始尝试用技术进步偏向理论来解释劳动收入份额下降的情况。

黄先海和徐圣（2009）将中国制造业划分成劳动密集型部门和资本密集型部门，利用 1989～2006 年时间序列数据研究了影响劳动收入份额变化的因素，发现大多数年份中两个部门技术进步都是偏向资本的，资本偏向型技术进步是导致制造业部门劳动收入份额下降的主要原因。在此基础上，王燕和陈欢（2015）在原有厂商理论的基础上，通过将政府税收加入模型中，重新对劳动收入份额变化率进行分解，进一步丰富了劳动收入份额的研究。同时，利用中国 1990～2011 年的数据，证明了资本偏向技术进步是导致中国劳动收入份额不断降低的最主要原因。

戴天仕和徐现祥（2010）在阿西莫格鲁（2002）定义的基础上推导出度量技术进步方向的方法，并据此发现 1978～2005 年中国技术进步偏向资本，且在样本期内，随着时间的推移技术进步偏向资本的速度不断提高。张莉等（2012）利用 1980～2007 年的跨国经济数据进行实证研究，发现国际贸易是发展中国家技术进步偏向资本的主要原因，并进一步导致劳动收入份额不断下降。这一结论丰富了发展中国家技术进步方向和要素收入份额的研究，并有助于理解中国技术进步的偏向和原因。

陈宇峰等（2013）通过将技术进步偏向、垄断利润等因素融合在一个生产决策模型中，重新考察了经济转型过程中中国劳动收入份额影响机制，并利用 1999～2008 年制造业分行业的数据，并按照全部工业企业、国有企业、外资企业以及私营企业四种类型进行实证分析，结果表明，就单个产业而言，垄断利润是导致中国劳动收入份额产生短期波动的主要原因，技术进步偏向是决定中国劳动收入份额长期运行水平的主要因素；中国劳动收入份额长期处于较低水平的主要原因是，国有企业选择了资本偏向型技术，同时，在二元结构没有消除的背景下，"逆资源禀赋"的技术进步偏向弱化了经济增长对就业人口的吸纳程度，使劳动者的工资长期处于较低的增长水平，进一步加剧了劳动收入份额的低水平。

邓明（2014）建立一个世代交叠（OLG）模型，考察了老年人口抚养比和技术进步方向的关系，并利用1990~2010年的数据证明了，在控制要素价格扭曲的条件下，劳动人口抚养比提高将会导致技术进步偏向劳动，并提高劳动收入份额。但是，在现实经济中，要素价格扭曲尤其是劳动力价格扭曲，导致中国技术进步方向偏向资本，从而降低了劳动收入份额。

综上所述，当前关于技术进步偏向的研究大多都证明了中国技术进步是偏向资本的，技术进步偏向资本将导致劳动者报酬在国民收入中的比重不断降低，资本报酬所占比重不断提高，从而是导致劳动收入份额下降。

2.2.4 技术进步偏向与技能溢价

技能溢价是指技能劳动与非技能劳动的收入差距的不断扩大。20世纪70年代到90年代末，美国和很多经济合作与发展组织（OECD）成员都出现了收入不平等、教育回报率不断上升和高技能劳动力的供给相对增加等一系列结构性变化，技能偏向的技术进步理论正是在这样的背景下产生的。当时的很多研究都将这种现象的原因归咎于技能偏向型技术进步，并指出虽然均衡的工资水平是由劳动力市场上技能工人和非技能工人的供求决定的，但是技能偏向型技术进步会导致提高劳动力市场上技能劳动需求，并减少对低技能劳动力的使用，从而导致工资不平等程度的加大。阿西莫格鲁（1998，2002）对技术进步导致的收入不平等现象及其作用机制进行了解释。他通过利用美国的就业数据对劳动力市场的技术进步偏向进行了考察，发现在过去60年间美国的技术进步呈现明显的技能偏向性，特别是在20世纪80年代以来技能溢价水平达到了峰值，导致居民收入差距不断提高。

大量文献将技术进步当作导致劳动力市场需求分化和技能溢价现象出现的主要原因，尤其是现代信息技术的发展，对技能劳动力的需求越来越高，导致技术进步偏向资本和技能劳动，从而使技能劳动力的生产率和工资水平不断提高。凯里（1999）认为，技术进步的技能偏向是技能溢价产生的主要原因，当市场上技能劳动的供给不断增加，将会导致技术进步朝着与技能劳动互补的方向发展，两者相互作用致使对技能劳动的需求不断减少，技能产品的边际产出不断增加，从而出现技能溢价的现象。奥特尔等（Autor et al.，2006）考察了美国劳动力市场的极化现象，认为技能偏向型技术进步和高技能劳动力供给增长速度的相对降低，是技能溢价产生的原因。

近年来，随着中国劳动收入差距的不断扩大，国内学者也开始关注技能偏向型技术进步的作用，试图通过技能偏向型技术进步对中国收入差距现象进行解释。徐舒（2010）建立了一个基于技能偏向技术进步的一般均衡模型，从技术进步和教育回报两个方面解释了中国收入不平等现象产生的原因，并利用中国 1991~2006 年的微观数据，实证分析了教育、技能偏向型技术进步等因素对收入水平的影响。首先，他通过分析技能偏向型技术进步作用于劳动力市场从而导致收入不平等的作用机制，揭示了劳动力市场的动态调整过程。其次，他将教育分解为教育回报效应和结构效应两个作用相反的方面，考察了教育回报率对收入不平等的作用。其中，教育回报效应加大了收入不平等，而教育结构效应则降低了收入不平等，在两者的共同作用下，收入不平等程度不断加大。宋冬林等（2010）使用中国 1978~2007 年的数据，验证了中国技能偏向型技术进步的存在性，并通过实证研究发现，技术进步和劳动生产率的提高会通过提高技能劳动者的需求，使劳动力市场出现分化，进而导致工资不平等。董直庆等（2013）利用中国 1978~2010 年的数据，采用标准化系统法对中国的技能溢价水平进行了估计，并实证检验了技能溢价的要素分配效应，研究结果表明，技能与非技能劳动力的替代弹性大于 1，呈现出明显的替代关系，进一步，通过分析技术进步和技能劳动力供给对技能溢价贡献的大小，发现技术进步的技能偏向是技能溢价出现的主要原因，且偏向程度的不断提高将导致技能溢价不断扩大。

2.3 技术进步对经济增长贡献的相关研究综述

无论是新经济增长理论还是内生增长理论，都将技术进步作为经济持续增长的源泉。因此，技术进步的研究常常是经济增长研究中的一个重要方面，能否有效地测算出技术进步的大小，自然成为学术界研究的热点问题。

2.3.1 中性技术进步对经济增长的贡献

当前关于中性技术进步研究的文献大多都是采用全要素生产率对其进行衡量。全要素生产率的概念最早由丁伯根（J. Tinbergen，1942）提出，他用时间趋势、资本和劳动收入等表示效率水平，使技术进步的测算成为现实。索洛（1957）第一次定量分析了技术进步对经济增长的作用，通过把资本和劳动对经济增长的贡献从生产函数中分离，取其剩余的部分作为技术进步，这就是后来的索洛余值法。但是，索洛余值法的使用是建立在一系列假定的基础上的，如生产完全有效率、技术进步为中性、规模报酬不变（CRS）等，这使得索洛余值法的应用受到很大限制。鉴于这种情况，很多学者采用不同的方法对索洛模型进行修正，以放松索洛余值法的假定，从而采用较为灵活的函数形式。丹尼逊（Denison，1964）运用因素分析法拓展了索洛模型的使用范围，他采用规模报酬可变（VRS）生产函数、超越对数函数（Translog）替代原有的规模报酬不变（CRS）函数、技术进步中性等假设。乔根森等（Jorgenson et al.，1978）使用超越对数生产函数对全要素生产率进行测度，并将要素投入进行了分解。

长期以来，学者们对技术进步的测算投入了大量的时间和精力，而作为衡量技术进步的主要方式，全要素生产率的测算也取得了很大的进展。目前，学术界有关全要素生产率的测算方法主要可以分为两大类：参数方法和非参数方法。参数法主要包括索洛余值法、隐形变量法和随机边界法。这些方法

由前文可知，传统的文献把不能被生产要素投入解释的部分都归为全要素生产率，并以此来衡量技术进步的大小。但是，国内外大量研究表明，中国在经济高速增长的同时，全要素生产率却持续下降。郑京海和胡鞍钢（2005）利用 1979～2001 年中国省级面板数据测算了全要素生产率的变化趋势，发现在 1978～1995 年和 1996～2001 年两段时间内，TFP 的年均增长率从 3.16% 下降为 0.64%，说明在这两个时间段 TFP 对经济增长的贡献存在明显差异。易纲等（2003）、王小鲁等（2009）、郭庆旺和贾俊雪（2005）的研究也得到了类似的结论，他们发现，在高资本投入和高经济增长背景下，全要素生产率的贡献却持续下降，这将使中国未来经济增长不可持续。

经济高速增长和全要素生产率持续下降的现象并不是中国独有的。伊萨克森（Isaksson，2007）将 TFP 增长分为技术进步和技术效率两方面，利用 Meta 前沿方法和 PPP 调整后的跨国面板数据，对世界 112 个国家在 1960～2000 年的全要素生产率进行测算，结果表明，全要素生产率在不同发展水平的国家呈现较大的差异，平均的贡献率为 -0.29%。除了少数发达国家外，大部分地区的 TFP 贡献率在过去 40 年间都出现了不同程度的下降，经济高速增长和全要素生产率下降相背反的情形已成为全世界的普遍现象。这引发了学者们的思考，为什么会出现世界范围内 TFP 贡献和经济高增长的背离现象？TFP 是否准确地估计了现实中的技术进步水平？这一悖论再次引起了学术界对于技术进步测算方式的思考。

菲利普（1999）指出，技术进步贡献的争论产生的主要原因在于对技术进步和全要素生产率的认识，虽然两者有着密不可分的关系，但依据传统方法测度的全要素生产率仅为外生的希克斯中性的技术进步，从概念和内涵上都无法涵盖技术进步的全部。也有研究指出，技术进步贡献率的争论源于 TFP 方式测算技术进步的局限性，它无法涵盖全部的技术进步（Chen，1997；Jorgenson and Stiroh，2000）。因为技术进步完全可能通过高技术含量的设备投资和高教育程度的人力资本的方式作用于经济增长，并非一定按照同比例提高所有要素的产出效率，也可能采用不同方式非均质的改变不同要素的质量。郑玉歆（2007）指出，仅依靠 TFP 测度的技术进步无法解释各国投资品价格的下降和设备投资比重持续增长的事实，从而无法捕捉蕴含在设备投资中的技术进步。伊萨克森（Isaksson，2007）指出，技术进步和资本投资两者并非独立，经济增长完全可能通过设备投资中隐含的技术进步来实现。若没有物质资本投资和人力资本的积累，仅通过 TFP 衡量技术进步，则包括东亚国家在内的众多新经济体的增长现象将无法解释。

2.3.2.2 资本体现式技术进步贡献的测算方法

由前面的分析可知，使用传统方法测算的全要素生产率仅为中性的技术进步，不能够涵盖所有的技术进步，为了更加准确地测算技术进步，学者们开始考虑体现式技术进步的存在性，并试图测算出体现式技术进步的大小，但如何有效地对资本体现式技术进步进行识别，并准确地将其从设备投资等资本品中进行分离仍是当前前沿研究的热点和难点。综合已有的研究，大体上可以将资本体现式技术进步的测算方法分为三类。

（1）不变质量价格指数法。不变质量指数法是指假定不同时期设备资本的质量不同，通过构建资本品或消费品的不变质量指数，将资本质量的变化通过资本数量增减的方式进行衡量，并对经济社会中的产出进行调整，然后根据经济增长的核算方程，分别考察技术进步和要素投入的相对贡献，从而可以直接对资本体现式技术进步及其对经济增长的贡献进行测度。

戈登（1990）最早提出了不变质量指数，并估计了美国 1948～1983 年间 105 种产品的价格缩减指数，且据此求出了资本体现式技术进步对经济增长的贡献（4%）。格林伍德（1997）、康明斯和维奥兰特（Cummins and Violante，2002）在戈登的基础上进一步扩展了不变价格指数区间，发现检验结果同戈登类似，即包含质量的真实投资指数对经济增长的贡献低于名义资本指数的贡献。乔根森和斯特奥（Jorgenson and Stiroh，2000）以及康明斯和维奥兰（2002）通过实证研究发现，1993 年以后包含先进技术的软件设备业是美国新增投资的主要领域，但是在全国经济增长的 4% 中，TFP 增长率却只有 0.4%～0.8%，说明使用 TFP 容易低估技术进步对经济增长的贡献，因为它没有考虑与资本相融合的体现式技术进步。格林伍德（2001）认为，在经济增长的过程中，之所以会同时出现设备投资数量上升和设备相对价格下降的现象，主要原因在于新设备投资中包含资本体现式技术进步，并通过实证分析发现资本体现式技术进步对生产率增长率的贡献率达到了60%。同格林伍德的结论一致，戈登在其后来关于欧美国家的研究中也发现，资本体现式技术进步对要素生产率和经济增长的贡献率在不断增高，其中美国大约60%的劳动生产率和20%以上的资本生产率都是由资本体现式技术进步贡献的。

（2）核心机器方法（简称为"C－M"方法）。C－M方法的基本思路是，产品的生产需要使用各种机器设备，且必须在各种机器设备的有效配合和共同作用下才能够实现整个生产环节。因此，这就要求生产过程中所使用机器设备的质量、组合方式以及技术含量应该能够代表整个行业或者企业平均的技术水平和生产效率。换句话说，C－M方法就是指生产过程中所使用的核心机器设备中应包含核心技术，其技术含量应能够代表特定行业和产出的技术水平，同时，在投资和使用新机器设备过程中，应该能够推动技术升级和产业结构调整，从而实现一国或企业的技术进步。西尔毛伊等（Szirmai et al.，2001）利用C-M方法将技术进步进一步分解为机器设备的更新换代所带来的技术提高效应和新技术使用所带来的技术转移效应两方面，并实证分析了印度尼西亚纺织工业在发展过程中资本体现式技术进步的贡献。研究结果发现，纺织业和纺纱业技术进步性质存在明显的差异性，印度尼西亚纺织业生产率增长主要来自新技术带来的技术转移效应（占到73%），1990～1995年间资本存量增长中85%来自资本体现式技术进步的贡献；纺纱业生产率增长主要来自技术提高效应，1990～1994年间资本存量增长中仅有28%来自资本体现式技术进步的贡献。

（3）生产函数估计方法。生产函数估计法是依据经济增长理论，将技术进步内生化于模型中，通过寻找相应的工具变量或者其他经济变量代替资本体现式技术进步，如设备工器具投资等，从而实现测度资本体现式技术进步对经济增长的贡献的方法。萨克拉里斯和威尔逊（Sakellaris and Wilson，2000）采用设备资本投资代表资本体现式技术进步，并利用美国在1972～1996年加工企业的数据，对其资本体现式技术进步的贡献进行估计，实证结果表明，经济增长中有8%～17%是由资本体现式技术进步贡献的，这个结果是戈登（1990）估计结果（4%）的2～3倍，占全要素生产率增长的67%左右。格林伍德（1997）建立了一个含有物化性技术进步的一般均衡模型，将资本划分为建筑资本和设备资本，研究表明，1954～1990年间人均产出增长中的58%是由设备资本 ETC 所贡献的，物化性技术进步在解释生产率增长中具有重要作用。利坎德罗等（Licandro et al.，2001）通过构造两部门经济增长模型，对美国经济增长中出现的耐用消费品价格下降、设备资本品占 GDP 的比例增加以及设备资本品相比耐用消费品增长时间更长的现象进行了实证研究，实证结果表明，在美国人均 GDP 增长中，资本体现式技术进步的贡献约为69%，高于格林伍德（1997）所测算的结果（58%）。还有学者通过建立两部门内生增长模型，勾勒出资本体现式技术进步对经济增长贡献的动态演进过程，通过学习能力的变化（"干中学"）对美国在1974年后体现式技术进步的高贡献率进行了解释（Boucekkine et al.，2002）。他认为，资本品更高的学习弹性和信息技术创新速度的加快是导致增长率降低、资本品相对价格下降和资本体现式技术进步贡献提高的主要原因。

2.3.2.3　国内关于资本体现式技术进步的研究

由前面的分析可知，进入20世纪90年代中后期以来，传统以全要素生产率度量技术进步的方法，已经无法对中国出现的经济持续高速增长、贸易总量不断提高与全要素生产率降低并存的现象进行解释，结合国外关于技术进步的前沿成果，为了更加准确地认识技术进步的贡献，国内也开始了关于资本体现式技术进步的研究。

赵志耘等（2007）构建了一个区分设备资本和建筑资本的内生经济增长模型，依据两者的相对价格和投资的边际收益，结合改革开放以来中国高投资收益率和设备价格相对下降的经验事实，发现中国设备积累速度明显快于建筑资本的积累速度，从而印证了中国资本体现式技术进步的存在性。宋冬林等（2011）利用中国1980～2007年的时间序列数据，在借鉴赵志耘（2007）模型的基础上，假定不同时期资本质量存在差异，通过构建资本质量指数，并考虑资本的即期服务效率和资本形成率的情况下，实证测度了资本体现式技术进步对经济增长的贡献。研究发现，设备资本和 GDP 增长率具有较高的同期相关性（80%），资本体现式技术进步对经济增长的贡献率为10.6%。说明采用全要素生产率测算的技术进步明显低估了整体技术进步对经济增长的作用，从而容易对经济增长的方式和增长质量产生错误的判断。

黄先海等（2006，2008）认为，技术进步可以通过与物化性设备资本相融合的方式，通过新旧设备的不断更替，提升技术进步和要素生产率，并通过选取中国工业行业中的设备投资和发明专利数对资本体现式技术进步进行具体衡量，研究结果发现，设备投资在 GDP 中的比重每上升 1%，人均 GDP 增长率就增长约 0.4%，设备资本对全要素生产率增长的平均贡献率接近36%。王林辉和董直庆（2010）利用中国制造业 2003～2008 年的行业面板数据，使用设备工器具投资作为资本体现式技术进步的代理变量，考察了制造业的技术进步特征，发现资本体现式技术进步对中高技术行业的作用较为明显，而低技术行业的技术进步主要取决于中性技术进步。孙克（2011）利用1978～2008 年全国省级面板数据，估算了投资品的资本质量指数，并在内生增长理论的基础上，实证测度了中性技术进步和资本体现式技术进步的值，发现资本体现式技术进步年均增长率为 11.5%，占全部技术进步的 72%，表明技术进步的绝大部分都是以资本体现式技术进步的形式存在的。张勇和古明明（2013）通过对经济增长核算模型进行改进，重新对资本体现式技术进步进行估计，也得出了类似的结论。

可见，国内学者已经认识到了使用全要素生产率估算技术进步的局限性，并已经就资本体现式技术进步的存在性基本达成了一致，但是至今为止关于资本体现式技术进步的研究仍较少，而且主要集中在定性研究方面，即停留在证明资本体现式技术进步存在的问题上，具体测算资本体现式技术进步贡献大小的文献少之又少。同时，现有研究主要集中在全国层面或者省际层面，对于分行业资本体现式技术进步的研究几乎处于空白。

2.4 技术进步影响因素的相关文献综述

2.4.1 技术进步的影响因素

分析技术进步的影响因素，有助于认识和理解技术进步的发展特征。综合国内外学者已有的研究，可以将技术进步的影响因素分为外商直接投资（FDI）、产业结构、经济增长、政府研发投入以及其他因素。

（1）外商直接投资。一般来说，外商直接投资会通过本地研发投入、技术溢出或扩散等方式促进东道国的技术进步。库克和泽简（Kokko and Zejan，1994）在研究外商直接投资对发展中国家技术进步的影响时发现，外商直接投资会通过技术溢出和技术扩散等方式提高发展中国家的技术水平。巴雷尔和佩因（Barrell and Pain，1997）、凯勒（Keller，2004）等学者的研究也得出了类似的结论。国内研究方面，包群和赖明勇（2002）通过构造技术进步内生化的增长模型，并利用中国在1979～2000年间的FDI占比、GDP和劳动力等数据，考察了外资技术外溢对中国企业的影响，发现FDI对中国技术进步的作用具有不稳定性。

（2）政府科研投入。政府研发投入是一国基础科学研究以及重大课题研究的主要资金来源，包括政府研发投入和政府科技、教育支出。西瓦塔纳贝（Cwatanabe，2004）利用日本1961～1980年科研数据进行研究，发现日本科研银行团对日本出现的高科技发展奇迹具有明显的正向促进作用。郭国锋等（2008）以中国中部的六个省份作为研究对象，实证考察了各地区的技术创新能力及其影响因素，研究发现，科研机构和创新企业数量有利于提高地区的技术创新能力。李平和孙灵燕（2007）在科埃和赫尔普曼（Coe and Helpman，1995）模型的基础上，实证考察了国外专利申请对于中国各地区技术进步的影响，研究发现，国外专利申请有利于促进中国技术水平的提高，但对东、中、西部的影响存在差异性。林勇和张宗益（2011）利用1978～2006年的省区面板数据，考察了转型期中国技术进步的影响因素及其阶段性特征，发现政府研发投入和科技教育等财政支出都会促进技术进步。

（3）产业结构。产业结构会随着国民经济的增长而不断演变，现有关于产业结构特征的研究普遍认为，一国的产业结构演变遵循第一产业比重不断下降，第二产业比重先上升后下降，第三产业比重不断上升的规律。产业结构调整对于优化资源配置、影响科技创新需求、调整技术创新方向以及推动技术创新具有重要作用。达斯古普塔和斯蒂格利茨（Dasgupta and Stiglitz，1980）从微观经济学的角度分析了工业发展引起的大规模技术溢出和技术创新活动，通过研究产业结构与技术创新活动规模与方向，发现产业结构能够刺激企业进行技术创新。周叔莲和王伟光（2001）在总结科技创新和产业结构之间关系的基础上，认为产业结构对技术创新的速度、方向以及规模具有重要的影响，产业结构内生地决定技术进步。

（4）其他影响技术进步的因素。主要包括人力资本、制度因素和经济增长等。卢卡斯（1988）认为人力资本是影响一国或地区技术效率的最重要因素，并通过构造理论模型进行了验证。诺思（North，1994）则认为制度因素对技术进步起决定性作用。杨小凯（2003）在研究发展中国家技术进步时指出，制度模仿是发展中国家实现模仿创新的重要前提，否则发展中国家将很难通过技术溢出或扩散效应实现经济收敛。罗伯特（Robert，1996）通过比较美国和中国经济发展的事实，从理论上证明了经济增长对技术进步具有促进作用。

2.4.2 技术进步偏向的影响因素

既然技术进步偏向对要素收入份额有重要的影响，而且技术进步的偏向性也直接推翻了传统以技术进步中性为假定的测算方法，那么究竟是什么原因导致了技术进步有偏？它的影响因素又有哪些呢？目前有关这方面的研究还不多。

阿西莫格鲁（2002，2003a，2007）根据内生增长理论，在 Hicks 假设的基础上，进一步研究发现，要素相对投入是决定技术进步方向的最重要因素，从而很好地解释了发达国家技术进步偏向资本的原因。即由于发达国家资本积累的速度较之劳动要快得多，从而使企业更加愿意研发偏向资本的技术，最终使技术进步偏向资本。

潘士远（2008）在总结阿西莫格鲁研究的基础上，考察了专利制度对技术进步偏向的作用，他将技术专利按照技能密集型产业和劳动密集型产业进行分类，并将他们分别与熟练劳动力和非熟练劳动力进行匹配，通过构建一般均衡模型发现劳动力禀赋结构能够通过影响最优专利制度对技术进步方向产生作用。吉（Ji，2012）认为，市场结构是技术进步发生偏向的内生因素，并通过实证研究发现企业的固定运营成本和研发投入效率会对技术进步方向产生重要影响。

伍德（Wood，1994）最早从国际贸易的角度对技术进步方向进行了研究，阿西莫格鲁（2003）进一步分析了国际贸易与技术进步偏向的关系，并通过构造理论模型发现进出口贸易会导致技术进步偏向技能劳动者，进而对收入差距产生影响。阿西莫格鲁和齐立波蒂（Acemoglu and Zilibotti，2001）、甘西亚和齐利波蒂（Gancia and Zilibotti，2009）认为国际贸易的技术溢出效应是使发展中国家技术进步偏向资本的重要原因。因为发展中国家通过设备引进和购买等方式，以较低的成本直接应用发达国家所研发的技术，从而当发达国家的技术进步偏向资本时，发展中国家的技术进步也必然偏向资本。张莉等（2012）利用1980~2007年的跨国经济数据进行实证研究，认为国际贸易是导致发展中国家技术进步偏向资本的主要原因，并发现和证明了国际贸易通过影响技术进步的偏向，从而间接地对要素收入份额产生作用。

根据阿西莫格鲁（2002）、戴天仕和徐现祥（2012）给出的技术进步方向指数的公式可知，资本—劳动替代弹性是决定技术进步方向的重要因素，因此，凡是影响替代弹性的因素也会对技术进步方向产生影响。德拉·格兰德维尔（De La Grandville，1989）指出，所有影响经济增长效率的因素都会影响替代弹性，从而对技术进步方向产生作用；也有学者认为影响要素替代弹性的因素包括一国的对外开放程度、市场开放度、国有经济比重以及研发投入等（Klump and Pteissler，2000）。

邓明（2014）利用中国省级面板数据，实证考察了人口年龄结构变化对技术进步方向的影响。他指出，随着中国老龄化的不断加剧，劳动力相对于资本而言将会变得相对稀缺，这将导致劳动—资本的价格比提高，从而促使技术进步朝着偏向劳动的方向发展。但是，人口年龄结构的变化不仅会对劳动投入产生影响，还会影响社会总储蓄，为了更加全面的理解人口年龄结构对技术进步方向的作用，通过建立世代交叠模型（OLG）将偏向型技术进步内生化。同时，为了验证理论分析结果，其利用标准化系统法估算了1990~2010年中国省级的技术进步方向，在此基础上考察了老年人口抚养比与技术进步方向的关系，研究发现，在控制了要素价格扭曲以后，老年人口抚养比的提高将会促使技术进步偏向劳动①。

2.5　对现有研究的简评

随着卡尔多事实与世界各国的发展事实不一致，学者们开始怀疑希克斯中性假定的合理性，使以技术进步偏向为基础的研究成为学术界的研究焦点。近些年，由于中国劳动收入份额的不断下降，国内学者也开始关注技术进步的资本偏向性，对要素替代弹性和技术进步偏向的测度进行了一定的探索，虽然有很多需要深入研究的地方，但是学者们已经就技术进步有偏达成了共识。然而，现有关于增长核算的文献中却仍然使用全要素生产率衡量技术进步，假定技术进步为中性，但由于这种方法没有测算融合在设备资本中的体现式技术进步，其结果必然会低估技术进步的贡献。在中国经济保持快速增长、贸易总额和资本投入不断提高的情形下，全要素生产率却表现出不断下降的现象，这使学者们逐渐认识到了传统技术进步核算存在的弊端，并开始对资本体现式技术进步的测算进行了初步的探索，但是如何从设备资本中有效地分离和测度资本体现式技术进步仍是当前学术界研究的热点和难点。

首先，鲜有关于技术进步偏向演进特征的研究，从制造业行业层面考察技术进步变化趋势的文献就更少了。当前国内关于技术进步偏向的研究，仍然集中在全国或者省际等宏观层面上，对行业技术进步偏向的研究较少。虽然有些研究涉及行业层面的研究，但大多是考察一段时间内技术进步偏向的均值，而且都将研究对象划分为几个大类行业。而当前中国正处于产业转型升级的关键时期，正经历由要素驱动向创新驱动转变的过程，考察制造业技术进步的演变过程及行业差异性，对于正确选择与行业特征相符的技术进步路径具有重要意义。

其次，有关资本体现式技术进步测度的实证研究较少。当前国内关于技术进步的测算大多仍假定技术进步为中性，侧重于考察全要素生产率的增长

---

① 邓明. 人口年龄结构与中国省级技术进步方向 [J]. 经济研究，2014，(3)：130–143.

趋势及其对经济增长的贡献，通过实证研究资本体现式技术进步及其对经济增长贡献的文献相对较少。目前，现有关于资本体现式技术进步的文献，要么都停留在定性分析或是对体现式技术进步存在的证明上，要么采用设备投资和发明专利等指标代替资本体现式技术进步。虽有部分文献开始运用实证方法研究资本体现式技术进步对经济增长的贡献，但研究视角大都是基于宏观层面，分行业的研究几乎处于空白。因此，在当前产业结构调整和转型升级的大背景下，正确测算出技术进步的大小，构建包含中性技术进步和资本体现式技术进步的实证模型，并分析不同行业资本体现式技术进步和中性技术进步的差异性，是制造业在转型升级过程中不同行业正确选择技术升级路径的重要前提。

第3章
资本体现式技术进步测度的机理分析

目前，如何有效准确地测算出技术进步偏向，以及如何从设备资本中将资本体现式技术进步进行分离，仍是当前研究的热点和难点问题，从制造业分行业的视角进行研究的文献更是微乎其微。因此，为了增强分析的有效性，本章将尝试构造出全书分析的机理框架。具体来说：首先，本书通过对技术进步的影响因素和传导机制进行分析，阐述了技术创新、技术溢出等因素作用于技术进步的实现条件、途径等，为分析技术进步偏向性及其作用机制提供前提；其次，引入技术进步偏向理论，分析技术进步偏向的基本模型、作用机制以及中国技术进步偏向的演进规律等，为后文实证估计中国制造业及其细分行业的技术进步偏向提供理论基础；最后，通过分析传统技术进步的核算方法存在的缺点和不足，构建了资本体现式技术进步作用于经济增长的模型，从而为后文测算资本体现式技术进步对经济增长的贡献提供理论支持。

3.1 技术进步的影响因素及传导机制

3.1.1 技术创新效应对技术进步的作用

新经济增长理论通过将技术进步内生化，证明了技术进步是经济增长的源泉，并指出经济增长的主要动力是技术进步而非物质资本或人力资本的投入。同时，由于技术创新是技术进步的根本途径，也是一国实现技术赶超最重要的方式。因此，我们先对技术创新的实现条件和实现途径进行分析。

3.1.1.1 技术创新的实现条件

技术创新就是用原有知识生产新知识。技术创新不仅依赖于自身的研发收入，同时还依赖于对世界其他国家技术水平的消化和吸收能力。因此，可以将技术创新的实现条件分为三个方面：一是知识创造和知识积累方面的创新资源投入；二是对引进技术的消化吸收能力；三是技术创新国家的制度环境。

1. 研发资金投入。研发资金投入是指技术研发中发生的与研发相关的支出，包括研发活动中发生的直接费用和以合理的基础分配计入的间接费用两方面。高额的研发资金投入是实现技术创新的必要条件，不仅体现在技术研发阶段需要大量的资金投入，还体现在将研发成果转化为实际有用的商品也需要投入大量的资金。研发资金的投入有助于产生新知识和开发新技术，有助于改进和升级机器设备等资本物品，提高生产中所使用资本的生产效率，从而提升技术创新的绩效，为一国经济发展提供持续的动力支持，因此，研发投入与技术创新绩效呈正相关关系。另外，学者们一般用专利申请量指标来描述技术创新，并经大量研究证明，研发支出与专利数之间存在正相关关系。可见，研发资金投入是影响技术创新的重要因素，研发资金投入越高，技术创新的可能性越大。

2. 人力资本水平。除技术发展机会和研发资金投入等方面的差异外，人力资本水平的高低也是技术创新的关键。它对技术创新的作用可以分为两个方面：一方面人力资本水平直接决定着一国研发能力的高低。由于高素质的创新人才是新想法或新思路产生的源泉，所以人力资本是一国实现自主创新的根本；另一方面人力资本水平高低直接决定了一国对所引进技术的消化吸收能力。在经济化全球化的背景下，技术引进已经成为发展中国家实现技术进步的重要方式，而这种方式能否取得成功，其关键因素就在于对引进技术的消化和吸收能力。由于发展中国家的先进技术并不一定适合发展中国家的实际发展情况，所以技术引进要有选择性。当一国的人力资本水平较高时，其选择适宜本国发展的技术空间较大，技术或科研人员就可以通过消化吸收的方式迅速掌握被引进的技术并增加研发经验，从而有助于实现"二次创新"。相反，当一国的人力资本水平较低时，由于没有足够的人力资本去消化吸收所引进的先进技术，其技术选择的空间较小，且经常处于"消化不良"的状态，这使企业容易对所引进的技术产生依赖，从而抑制技术创新活动的开展。可见，人力资本对技术创新具有重要的作用，所以我们应当重视人力资本的积累，通过教育、培训等方式不断提高人力资本水平。

3. 政府作用。由前面的分析可知，技术创新需要研发资金的投入和人力资本的支持，同样，技术创新也需要一个良好的竞争环境，需要良好的创新文化，而能够提供这些的只有政府。具体来说，首先，政府通过制定法律和法规为技术创新提供一个良好的竞争环境，如政府通过颁布知识产权保护法，使技术创新者能够享有研发成果带来的收益等；其次，政府能够为自主创新企业提供资金和政策的支持，技术创新需要大量的资本投入，而作为技术创新主体的中小企业，往往是资金的匮乏者，政府通过为科技创新企业提供创新基金（如火炬计划、星火计划等）、税收减免、提供贷款担保以及鼓励风险投资等形式，使中小企业获得资金支持，从而保证了中小企业研发活动的进行；最后，政府通过资助大学、研究院或其他科研机构进行基础性研究，如国家重点基础研究发展计划（973 计划）。由于基础性研究存在较大的技术外溢效应，且短期内难以带来回报，从而使得很少有企业愿意进行研发。而基础性研究成果作为其他研发活动的基础，其能否顺利进行直接决定着企业的创新活动能否取得成功。可见，政府在技术创新过程具有重要的作用，是一国技术创新活动能否取得成功、取得多大成果以及创新能否持续的重要保证。

3.1.1.2 技术创新的途径

由前面关于技术创新的介绍可知，技术创新的关键是获取创新源，一般来说，技术创新源的获取渠道主要有两种：一种是企业进行自主研发；另一种是企业通过技术引进等方式获得。即除了自主研发以外，企业还能够通过外商直接投资和技术引进等方式获得国外的技术，通过对国外技术的消化、吸收，并根据自身的特点研发出新的技术，从而实现"二次创新"，即技术引进的方式不仅能直接促进企业技术水平的提高，同时还通过刺激企业的研发热情，间接地实现技术创新。

根据创新源的渠道可以将技术创新的途径分为两种：一是自主性创新，也被称为自主创新；二是模仿创新，即通过消化、吸收从国外引进的技术实现"二次创新"。

1. 自主创新。通过自主研发实现的自主创新在中国被称为自主创新，它来源于技术创新理论。下面我们来具体分析下自主创新的概念、特点以及自主创新推进技术创新的传导路径。

（1）自主创新的内涵。由于自主创新是基于中国特定的国情提出的，一经出现就受到学者们和政策制定机构的广泛关注，但截至目前仍没有形成统一的定义。陈劲（1994）最早提出技术创新概念，将自主创新定义为将从国外引进的技术进行消化、吸收后的一个特定的技术发展阶段。傅家骥（1998）将自主技术创新定义为企业通过自身的不断努力和探索，取得技术上的突破，形成有价值的研究成果，并有能力承担将成果进行转化的后续过程，使成果实现商业化并取得商业利润的创新活动。许广玉（2005）认为，自主创新是依靠自身努力取得技术上的突破并达到预期目标的一种创新行为。

自主创新是与技术引进相对应的概念，它具有以下三个特点：一是技术突破的内生性，这是自主创新的本质特点。在技术创新的实现过程中，往往涉及很多相关的技术，有核心技术和辅助性技术，自主创新并不是指企业独立进行所有技术的研发，而是强调核心技术方面的创新。二是技术与市场的率先性。在自主创新中，新技术成果具有独占性，而将研发成果顺利转化为应用并将其商品化，则是企业获得市场利润的保证。三是知识和能力支撑的内在性。在自主创新中，除技术上的突破需要企业独立完成以外，将成果进行转化的所有后续过程也需要企业自身完成，因此，企业要具备相应知识和能力进行支撑。

（2）自主创新推进技术创新的传导路径。由自主创新的性质和特点可知，一方面，自主创新强调企业独立实现技术上的突破，这就要求企业投入大量的研发资本和研发力量，这虽然能够使企业获得技术上的优势，形成一定时期的技术壁垒，但也使企业面临较大的风险。另一方面，自主创新强调企业成为市场的开拓者，这就要求企业在市场开发、市场营销等方面投入大量的人力和物力，而市场开发往往会产生一定的时滞且具有较强的外部性，很容易被技术跟进者无偿享用。综合以上两方面，我们认为采用技术创新的企业往往是具有一定资金实力和研发实力的发达国家或者是大企业。图 3.1 是自主研发推进技术创新的路径。

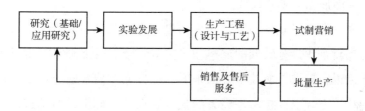

图 3.1　自主创新推进技术创新的传导路径

2. 模仿创新。通过技术引进、消化和吸收获取创新源，并在此基础上进行技术改进和再创新的活动，被称为模仿创新。它与自主创新不同，是一国实现技术创新的另一种途径。

（1）模仿创新的内涵。模仿创新是指企业通过引进、消化和吸收技术率先者的创新思路和创新成果，对技术率先者的技术进行模仿，并在此基础上进行改进和完善，从而实现二次创新的活动。这种创新活动主要发生在产业链的中后期阶段，如工艺设计、质量控制、市场营销等方面，以实现其产品在使用性能、生产成本、产品质量等方面优于率先创新者产品，从而在市场竞争中处于优势，并实现经济收益的过程。

从技术创新的概念可知，本质上来说模仿创新仍是一种创新行为。它与以自主研发为主要形式的自主创新不同，具有以下三个方面的特点：一是模仿的跟随性。模仿创新获取创新源的方式是通过引进技术率先者的创新思路和创新成果，这决定了模仿创新的企业在技术方面不做率先研发者，而是做有价值的技术追随者。在市场方面，模仿企业不做市场的开辟者，而是在充分利用技术率先者所开辟市场的基础上，进一步拓展市场。二是研发的针对性。模仿创新企业并不是全部照搬照抄技术率先者的技术，而是在技术率先者技术的基础上进行改进和完善。因此，凡是能够通过购买或者接受转让等方式获得的技术，模仿企业都不会也不必进行重复开发，而将研发的重点投入关键技术或技术可延展性的方面，从而实现产品在功能、质量和成本等方面的改进和发展。三是资源投入的集中性。模仿创新企业在资源投入方面不同于技术率先者。技术率先者是技术和市场的领先者，要负责技术研发阶段和市场开发阶段的资源投入；而技术模仿企业是技术和市场的跟随者，其资源投入的特点是主要集中在技术改进和进一步拓展市场的中后期阶段，这是模仿创新能够成功的重要保证。

（2）模仿创新的优缺点。由于模仿创新企业是技术和市场的跟随者，这使得模仿创新企业具有较低的成本和风险等优点，且能够很好地满足市场需求。具体来说：首先，从技术方面来看，一方面，技术模仿者是通过购买或者接收转让等方式引进技术率先者的技术，在此基础上进行渐进性的改进和完善，因此，其不仅不用承担技术研发的大量资金投入，而且能够有效地规避研发所带来的风险；另一方面，技术模仿者的研发具有针对性，资源投入主要集中在产业链的中间过程，这使得其能够将研发投入和资金更好地用于产品的生产工艺、质量改进、价格等方面，从而使产品更具有竞争力。其次，从市场方面来看，一方面，在新产品投入市场的过程中，为了有效地占领市场，需要投入大量的人力和物力进行广告宣传等活动，这种活动对于产品的推广必不可少。同时，这种市场活动也会带来较强的外部性。而技术模仿者作为市场的跟随者，不用承担市场开发所面临的大量资源投入，且可以充分享受市场开辟者产品推广的溢出，因此，可以将资金和人力资本用于自身产品的改进和推广，从而获得市场认可。另一方面，由于产品的路径依赖效应，使产品的市场推广具有一定的市场沉默期，即顾客接受一种新产品往往需要一个过程。这种新产品往往需要很久才能得到市场的认可，使市场开辟具有较大的风险。而技术模仿者作为市场的跟随者，选择合适的时机进入市场，可以有效地规避因市场沉默而带来的损失。

根据模仿创新的内涵可知，模仿创新在技术和市场上的被动跟随使其具有以下劣势：首先，技术方面具有被动型。技术模仿者不作技术率先者，而是技术追随者，这虽然不需要进行大量的研发投入，且能够防范市场风险。但是，技术上的被动性使其难以进行长远规划，缺少核心技术使其经常面临着较强的技术壁垒，从而受制于人，很难实现技术上的突破。同时，在法律层面上面临着法律壁垒。模仿创新经常会受到技术创新者的关于知识产权方面的控诉，从而使得实施受到阻碍。其次，市场方面的被动性。模仿创新者虽然不用投入大量资源进行市场开辟，从而避免了市场沉默带来的风险。但是，市场上的被动性使得其在市场上难以做到准确定位，这种由市场定位经常变换所带来的不确定性，不利于企业的营销模式推广和营销渠道的建立和发展，从而使企业很难取得市场优势。最后，容易使模仿创新者陷入"引进—落后—再引进—再落后"的怪圈。由于模仿创新强调模仿者对所引进的技术进行消化、吸收，并结合自身的特点对技术进行改进和完善，从而实现"二次创新"，且发展中国家（技术模仿者）的内部环境往往与发达国家（技术率先者）的内部环境不一致，这会使得发展中国家所引进的技术与其内部的技术出现不匹配，即发展中国家所引进的技术与其发展阶段并不适宜。同时，发展中国家在技术和管理等方面存在滞后，人力资本水平较低，研发经费投入也相对不足，这些都会使发展中国家的消化吸收处于"消化不良"的状态。当发展中国家所引进的技术与其内部的技术不匹配或者企业的消化吸收能力较低时，发展中国家的企业就会直接照搬所引进的技术，从而陷入"引进—落后—再引进—再落后"的怪圈。而被引进的技术能否及时地被消化吸收，决定着企业能否通过技术引进的方式实现技术创新。同时由于技术引进和自主研发之间往往存在替代关系，因此，当企业的消化吸收能力较低时，不仅会使企业形成对引进技术的依赖，而且会抑制企业自身技术创新能力的提高。

（3）模仿创新推进技术创新的传导路径。由前面的分析可知，以引进和消化吸收为基础的模仿创新活动，由于前期不需要大量的研发资本和人力资本投入，因此，其在技术条件比较落后和资金不充裕的发展中国家或技术实力较弱的企业较为普遍。其主要传导路径如图3.2所示。

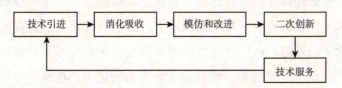

图3.2　模仿创新推进技术创新的传导路径

3. 自主创新和模仿创新的关系。从上面关于自主创新和模仿创新的分析可知，两者都是实现技术创新的重要途径，正确处理两者之间的关系具有重要的意义。大量研究表明，当发展中国家与发达国家的技术水平差距较大时，技术引进和模仿是发展中国家实现技术进步的重要途径。因为这时的发展中国家面临着技术水平低下、研发资金不足和中间环节较为薄弱等困难，很难通过自主创新实现技术进步。由于发展中国家的经济基础较弱，无法独立承担技术创新所需要的研发投入，即使有较为坚实的技术基础，能够实现技术突破，但是由于缺少良好的工业基础条件和配套设施，也很难独立负担将研发成果成功转化为商品这一中间环节的资金投入，因此，这一时期采用技术引进的方式实现技术进步较为合适。当发展中国家的技术水平接近发达国家时，由于发达国家不会将核心技术转让给他国，这使得发展中国家可模仿的技术越来越少，模仿的成本越来越高，模仿的难度也越来越大，从而很难通过技术模仿缩小与发达国家的技术差距。因此，这时发展中国家应当采取自主创新的方式实现技术进步。可见，在不同的发展阶段，发展中国家应当采取不同的技术创新方式。

3.1.2 技术溢出效应对技术进步的作用

在开放经济条件下，技术进步不仅来自通过国内研发投入而产生的技术创新，还依赖于国外其他国家的研发活动。这些研发活动通过各种渠道传递到他国，产生溢出效应。即技术进步的动力不仅来自国内，还来源于国外。因此，为了更好地理解技术进步实现的动力机制，必须同时分析国内技术创新和国际技术溢出的影响。

国际技术溢出是指国外的研发活动通过国际贸易、FDI 等各种经济活动对本国技术产生的外部性，这种外部性提高了本国的技术水平和创新能力，从而带来本国生产率的提高。技术溢出也有广义和狭义之分，狭义的技术溢出仅指技术水平的外溢，而广义的技术溢出除包括生产技术的扩散以外，还包括先进管理经验、组织结构、经营理念等方面的溢出。技术溢出的渠道主要包括国际贸易、外商直接投资、劳务输出、人口迁移和信息交流等（Keller，

2001），其中商品贸易和国外直接投资的技术溢出方式被称为物化性技术外溢，因为技术外溢是通过机器、设备等实际物品的交换和转移实现的，是国际技术溢出的主要渠道。

3.1.2.1 技术溢出实现的条件

1. 技术差距。由于技术差距是发生技术溢出的前提条件，众多学者对外资企业和东道国企业技术差距与技术溢出的关系进行了大量研究。较早的研究是芬德莱（Findlay，1978），王和布洛姆斯洛姆（Wang and Blomslorm，1992）以及圣奥尔姆（Sjoholm，1999），他们认为，外资企业与东道国企业的技术差距越大，知识溢出的效果越明显，即认为技术差距和技术溢出呈正相关关系。理由是技术差距越大，外资企业提供示范和模仿的空间就越广阔，技术较为落后的企业拥有的学习和追赶的潜力就越大。库科（Kokko，1996）和李等（Li et al.，2001）的研究得出了相反的结论，他们认为只有当外资企业与东道国的技术差距较小时，东道国才有能力学习和追赶，即东道国与技术输出国的技术差距越小，溢出效应越大。近期的研究表明，技术差距和技术溢出之间并非简单的线性关系，而是呈现倒 U 型的二次线性关系，技术溢出存在门槛效应。当外资企业和东道国企业之间的技术差距低于门槛值时，技术差距和溢出效应之间存在正相关的关系；当技术差距高于门槛值时，技术差距越大，则溢出效应越小，甚至可能产生负向的挤出效应。可见，尽管学者们对于技术差距和技术溢出之间的关系还没有形成统一的观点，但有一点是相同的，即都认为技术差距是技术溢出产生的前提。

2. 东道国的技术吸收能力。技术引进国家的技术吸收能力对技术溢出有重要影响。当技术输出国与技术引进国之间的技术差距较大时，如果技术引进国家的技术吸收能力较弱，则技术引进国家就很难将溢出的技术进行较好的消化、吸收及再创新，从而很难追赶上发达国家的技术水平。同时，技术引进国家通过进口贸易得到的中间产品，也很难与技术输出国形成前向和后向的产业关联效应，从而使技术溢出的效果大打折扣。反之，当技术引进国家具有较强的技术吸收能力时，当技术输出国和技术引进国之间的技术差距较小时，技术引进国家可以很容易实现技术模仿和再创新，技术溢出的效果很强。

在技术吸收的过程中，人力资本和国内研发活动是反映一国技术吸收能力的重要指标。人力资本作用体现在两个方面：首先，人力资本有利于对引进技术的消化吸收，解决在技术引进过程中的难题；其次，人力资本有利于东道国实现从技术模仿到技术创新的转变。同时，国内研发活动也是影响技术吸收能力的重要因素，技术引进国通过研发能够掌握最新技术进步的发展方向和创新路径，有利于国际贸易的技术扩散（Keller，2002），从而提高本国的技术水平。

3. 知识产权保护。由于产品制造的技术及其相关知识是技术创新的主要成果，具有较强的外部性，因此，东道国能否提供有效的知识产权保护是技术外溢实现的又一个重要条件。如果东道国知识产权保护的意识较弱，专利制度不健全，那么将会直接影响国外直接投资以及国际贸易中的技术溢出及转移，并影响本国企业引进技术和专利保护的积极性，从而阻碍技术的溢出。同时，知识产权保护能力较弱还会减弱本国企业研发创新的积极性，不利于本国企业对国外技术的模仿和再创新，阻碍本国技术水平的提高。

4. 良好的市场竞争环境。技术溢出效应会受到进口国的市场竞争环境的影响。外国企业在进行直接投资过程中，主要受到来自进口国企业和其他外资企业的竞争，由于竞争有序的市场环境会吸引更多的外资企业进入，因而会增加市场的竞争程度。为了取得竞争优势，抢夺有限的市场份额，外资企业会通过投入更加先进的技术或加大对当地企业的技术转让等方式，与其他跨国企业或者当地企业进行竞争，在此过程中，技术溢出效应必然增大。

3.1.2.2 技术进步溢出的渠道

由前面的分析可知，外商直接投资（FDI）、国际贸易尤其是进口贸易是技术溢出的主要渠道，本书主要介绍进口贸易和 FDI 对技术溢出效应的作用。

1. FDI 技术溢出效应。自从卡夫斯（1974）开始对 FDI 技术溢出效应进行经验研究以来，FDI 作为国际技术溢出的主要方式，一直是学术界研究的焦点。在全球化趋势不断推进的条件下，很多发展中国家都将 FDI 作为提升技术水平和创新能力的重要渠道。一般来说，FDI 会通过示范效应、竞争效应、关联效应以及培训效应等途径对技术溢出产生作用。

（1）示范—模仿效应。国外企业往往拥有较为先进的生产技术和管理经验，在进行跨国投资时，流入东道国的不仅有设备、机器等物化的形式，而且还包括先进的组织管理经验、销售模式等，对东道国企业产生了积极的示范效应。但由于国外企业和东道国企业之间存在技术差距，东道国企业要想进行有效的模仿和创新以提高本国的技术水平，一个有效的途径就是通过"逆向工程"①。

（2）竞争效应。跨国企业的进入会加大东道国市场竞争程度，从而迫使东道国企业更有效地利用现有的资源和技术，并不断加大研发力度，促进生产设备和技术的改造升级，以提高生产效率，增强市场竞争能力。同时，在这种竞争的市场环境中，东道国企业会变得更加敏感，为了维持其自身生存和保持市场中的地位，会主动地收集产品的相关信息，积极开展研发活动，加强对外国企业先进技术和管理经验的模仿和再创新，对技术外溢产生正反馈效应。某一行业竞争作用的大小与外资企业的数量没有显著的相关关系，而是取决于外资企业与东道国企业的相互作用的程度。

（3）产业关联效应。外资企业进入东道国进行投资时，往往需要与当地企业进行合作，参与东道国的产业分工。当外资企业与东道国企业存在垂直关联时，会通过前向和后向产业关联关系向东道国企业提供中间产品或者技术管理等方面的支持，从而使东道国企业通过产业间的技术溢出效应获得技术水平的提高。前向关联溢出效应是指外资企业通过向东道国企业提供中间投入品，为相关产品提供使用和维修服务，并负责相关技术人员的培训等方式而产生的技术溢出。后向关联溢出效应是指外资企业通过向上游的本地原材料、零部件以及中间产品的采购商和供应商提供技术转让、制定质量标准等方式，帮助东道国企业提高产品质量和劳动效率，从而提高本地企业的技术水平。

（4）人员培训—流动溢出效应。外资企业对东道国进行投资时，出于成本、本土化等方面的考虑往往会选择雇用当地的员工。而东道国技术水平不

---

① 逆向工程是指对产成品或技术进行逆向的推导和研究，最终获得产品设计原理、组织结构以及功能属性等过程。

高的主要原因之一就是因为当地人力资本水平较低，这也严重制约了外资企业先进技术的实施。为了增强自身在东道国的竞争力，外资企业通常会对雇佣的当地员工进行培训，以提高当地雇员对先进技术的使用能力，从而提高了东道国的人力资本水平。这些经过培训的员工不仅很好地掌握了技术方面的知识和技能，还通过在外资企业工作积累了很多组织和管理方面的经验，当这些员工离开外资企业进入本国企业时，其所积累的技能知识和管理经验等就会外流到东道国企业，从而产生流动溢出效应。

2. 国际贸易技术溢出效应。在开放经济条件下，一国的技术进步不仅取决于国内的研发资本，还取决于国外的研发资本。除 FDI 以外，不同国家之间水平或者垂直产品的国际贸易，给技术落后的国家提供了实现模仿和赶超的技术进步途径。大量研究表明，相对于出口贸易来说，进口贸易的技术溢出效应更为明显。最早对进口贸易的技术溢出效应进行研究的是科埃和赫尔普曼（1995），他们认为，进口国通过对技术和货物的进口提高技术水平，技术溢出产生的最直接途径就是对中间产品和资本品的进口。技术被物化在机器和设备等资本品中，通过对其进行操作和使用产生技术溢出效应。下面我们主要考虑进口贸易对技术溢出的作用。

（1）"干中学"效应。在全球化程度不断加深的背景下，产品的生产逐渐冲破国界，一种产品的不同生产环节可以由一个或者多个国家共同完成，这就延长了产品的增值链条。由于发达国家往往拥有较高的生产技术，其为了利用发展中国家廉价的生产原料和劳动等要素，会将产品的非核心环节转移到发展中国家，如产品的简单加工和组装等环节。发展中国家通过承接发达国家转移的加工、组装等环节，在加工贸易中不断积累、摸索和吸收国外同行先进的技术经验，逐步掌握了生产这些中间产品的技术，提高了本国的生产能力。学者们将这种通过进口贸易使发展中国家获得先进技术和知识的现象称为"干中学"效应。

（2）竞争效应。在经济一体化的条件下，国际间的竞争日益加剧，生产企业为了提高自身在国家市场上的竞争力，往往会通过国际贸易的方式，引进国外先进的技术或者技术含量较高的机器设备等资本品，并不断学习和模仿国外先进的知识和技术，掌握一定的技术优势。同时，国内企业进口国外技术含量较高的资本品，也会对本国生产同类资本品的企业形成竞争压力，因为国内的企业不得不面对国外强大的竞争对手。为了保护自己的市场份额，避免在国际竞争中被淘汰，资本品生产企业必然会加大研发投入，不断推进技术创新，从而促进本国技术水平提高。

（3）演示和培训效应。从技术的性质可知，只要技术的模仿者能够通过接触和交流等途径获得技术的诀窍，技术是可以被有效地传播和复制的。国际贸易的进行正好为技术的接触和交流以及其他技术获取提供了渠道。对于国外企业而言，为了增强产品的竞争力，进一步占有进口国的市场，往往会在产品推销时，向进口国企业进行产品演示，并对其产品的性质、特点、功能和质量等方面进行说明，并为进口国客户提供安装、调试等服务。同时，为了使进口国企业更多地使用其产品，国外企业还会为进口国企业提供技术指导以及相关人员的技术培训等，在这一过程中，往往会带来技术扩散和溢出。进一步，技术进口国通过与国外先进的技术企业进行接触和交流，可以了解和掌握国外尖端技术的最新方向，通过不断学习、模仿以及逆向工程等方式，使进口国可能以较低的研发成本生产出相似或者更有竞争力的产品。

（4）中间产品进口。进口国企业可以通过贸易直接购买技术含量较高的中间产品，从而直接提高生产效率和产品质量。同时，进口的中间产品种类越多，整个产品的生产就会包含越多先进的生产过程，从而更好地提高生产效率。

3.1.3 其他影响技术进步的因素

1. 制度因素。一国技术水平的提高，不仅仅是通过技术创新和国际技术溢出就能够实现的，技术进步的制度环境也非常重要，甚至作用更大。吴敬琏（1999）在对中国发展高新技术产业时就指出，发展高新技术产业最强大的动力在于，落实各项改革措施，建立各种有利于高新技术产业发展的各项经济和社会制度。

对技术进步产生影响的制度安排主要体现在以下三个方面：一是市场制度。市场制度强调市场在资源调配中的基础性作用，通过激励机制、调控机制和优化机制三种方式影响技术进步。激励机制通过使创新活动与创新市场的收益相结合，从而不断刺激企业进行技术创新，通过技术优势使创新企业获得超额利润；调控机制通过市场需求对技术进步的成果进行筛选，并将成果转化为实际应用，从而引导技术进步的方向；优化机制能使社会资源朝着效率更高的部门或行业进行流动，从而推进技术进步。二是法律制度，尤其是知识产权保护制度。有效的知识产权保护制度能够使技术创新者获得技术创新带来的经济收益，激发技术创新者的热情，从而促进技术创新活动的开展；同时，一国的知识产权保护政策对于外国企业的技术溢出也有重要作用，能够促进国外企业增加对本国的投资，从而使进口国获得更多的技术溢出。三是企业制度。由于政府主要是从事基础性科学的研发活动，而企业才是技术进步的主体。因此，企业研发活动的有效进行是一国技术进步的保证。建立现代企业制度，明晰产权，使企业能够有效地开展融资活动，为自主创新提供资金等方面的支持，从而提高企业进行技术创新的主动性和积极性，有效推进企业研发活动的开展。

2. 产业集聚。产业集聚是指相同产业或者关联产业在某个区域内高度集中，产业资本要素在空间范围内不断汇聚的过程。产业集聚容易产生外部性，因此，产业集聚会对技术进步产生一定的影响。克鲁格曼（Krugman，1991）将产业聚集的外部性概括为三个方面：专业化经济、劳动力市场经济和知识外溢，即产业集聚有利于创新劳动力、中间产品等创新生产要素的集聚，同时它还能够为新思想和新技术的溢出等提供创新空间。具体来说，首先，产业集聚通过加快人力资本的流动促进技术创新。在产业聚集区内，聚集着大量相同或者相关行业的人力资本，不仅使劳动力能够更好地发挥自己的优势，企业也更容易找到自己所需的人才，而且人员的流动还能够加快人员之间的信息交流，从而促进技术溢出和扩散。其次，产业集聚通过促进企业间的信息交流实现技术创新。由于地理位置的邻近，企业之间能够通过内部交易获取信息、交流经验以及分担成本，同时又能够保持自身的自主性和灵活性，从而为技术创新提供了较好的创新环境。最后，产业集聚通过促进中间性产业组织的发展实现技术创新。在相同产业之间，产业集聚会产生较强的知识溢出效应，从而促进技术进步的发生。在不同产业之间，产业集聚会通过不同产业的协同作用促进技术创新。可见，产业集聚能够通过知识和技术溢出效应带来创新产品，从而促进技术进步。

3.2 技术进步偏向基本模型及其演进规律

由于本书的研究目的是重新对制造业技术进步进行估计，并重点考察制造业资本体现式技术进步对经济增长的贡献及其行业差异性，因此，需要先估算制造业技术进步的方向，在证明技术进步为资本偏向型的基础上，指出现有文献采用中性技术进步为基本假定的局限性，从而为后面重新测算技术进步提供佐证。基于此，本节将介绍技术进步偏向的基本模型及其发展规律，以便更加有效地考察制造业及其细分行业的技术进步偏向。

3.2.1 技术进步偏向理论的基本模型

3.2.1.1 要素增进型技术进步与要素偏向型技术进步

目前有关技术进步偏向的文献中，会经常提到要素增进型技术进步和要素偏向型技术进步，如果对技术进步偏向理论理解不深入，很容易对这两个概念产生混淆。为了更加明确地对技术进步偏向理论进行介绍，本节在阿西莫格鲁（2002）研究的基础上将对这两个概念进行区分。

先来看一下要素增进型技术进步。要素增进型技术进步是指技术进步使要素（假定为资本 K 和劳动 L）的相对效率发生变化。要素的效率提高相当于增加了要素的数量，即只需要更少的要素投入就可以生产同样的产出，使原有的生产函数 $F(A, L, K)$ 变成了 $F(AL, K)$ 或者 $F(L, AK)$ 的形式。而要素增进型技术进步指的是要素相对效率的变化，具体来说，如果技术进步使劳动—资本的相对效率提高得更快，则为劳动增强型技术进步；反之，则为资本增强型技术进步。

再来介绍要素偏向型技术进步。要素偏向型技术进步又被称为要素的技术进步偏向，是指在要素投入比（K/L）保持不变的条件下，要素边际产出（F_K/F_L）的相对变化情况。前面在介绍要素增进型技术进步时提到了要素相对效率，从要素技术进步偏向的角度看，资本相对效率的提高不仅提高了资本的边际产出（F_K），同时也提高了劳动的边际产出（F_L），至于哪种要素边际产出提高的更多，仅通过资本相对效率的变化无法进行判别，还需要看资本与劳动的替代弹性（σ）。当 $\sigma > 1$ 时，资本增强型技术进步将会使资本的边际产出提高的更多，在资本—劳动（K/L）投入比不变的条件下，技术进步为资本偏向型[①]；当 $\sigma < 1$ 时，资本增强型技术进步将会使劳动的边际产出提高的更多，资本增强型技术进步是劳动偏向型技术进步。

可见，技术偏向型技术进步取决于要素增进型技术进步和要素替代弹性的共同作用。

3.2.1.2　技术进步偏向的类型及决定

在前面关于技术进步偏向的介绍中，提到了从 20 世纪 90 年代开始，学者们在内生增长理论的基础上，对技术进步偏向的类型及其决定因素进行了大量的研究，这些研究基本都是以厂商生产理论为基础，研究要素禀赋对厂商研发行为的影响，从而使技术进步偏向某种要素。其中，最具代表性的研究是阿西莫格鲁（2002）关于技术进步偏向的研究，本节主要以此模型为基础分析技术进步偏向的类型及其决定因素。

假设一国经济体是一个两部门经济，只有资本和劳动两种生产要素，这两种生产要素只用来生产中间产品 Y_K 和 Y_L。最终产品由两种中间产品共同生产，其生产函数是 CES 生产函数：

$$Y_t = \left[\theta Y_K(t)^{\frac{\varepsilon-1}{\varepsilon}} + (1 - \theta) Y_L(t)^{\frac{\varepsilon-1}{\varepsilon}} \right]^{\frac{\varepsilon}{\varepsilon-1}} \qquad (3.1)$$

其中，Y_t 表示最终产品的数量；θ 表示生产过程中两种中间产品的相对重要程

---

① 两者之间的关系可以通过 CES 函数描述：$Y_t = \left[(E_t^K \cdot K_t)^{\frac{\sigma-1}{\sigma}} + (E_t^N \cdot N_t)^{\frac{\sigma-1}{\sigma}} \right]^{\frac{\sigma}{\sigma-1}}$，其中 $F_K/F_N = (E^K/E^N)^{\frac{\sigma-1}{\sigma}}(K/L)^{\frac{1}{\sigma}}$，这里，$(E^K/E^N)$ 为资本和劳动相对效率水平。

度，θ 介于 0 和 1 之间。

中间产品的生产函数如下：

$$Y_K(t) = \frac{\alpha}{1-\alpha}\left(\int_0^{N_K} q_K(v,t)^{1-\alpha}\mathrm{d}v\right)L^\alpha \tag{3.2}$$

$$Y_L(t) = \frac{\alpha}{1-\alpha}\left(\int_0^{N_L} q_L(v,t)^{1-\alpha}\mathrm{d}v\right)L^\alpha \tag{3.3}$$

其中，$q_K(v,t)$ 和 $q_L(v,t)$ 分别表示不同类型的机器设备的数量，经济体中所使用的机器设备均由垄断厂商提供，且垄断厂商对机器设备享有无限期的专利使用权。

假定该经济体中的所有技术进步都是由厂商的研发活动所推动的，则有：

$$\dot{N}_K(t) = \varphi_K Z_K(t) \tag{3.4}$$

$$\dot{N}_L(t) = \varphi_L Z_L(t) \tag{3.5}$$

其中，Z_K 和 Z_L 分别表示垄断厂商开发资本增进型的技术设备和劳动增进型的技术设备所花费的研发支出。

垄断厂商之所以进行研发活动，是因为它能够通过研发活动生产先进的机器设备，从而获得垄断利润。那么，技术进步的偏向问题就可以转化为厂商的利润最大化行为决定问题。假定机器设备在使用后完全折旧，从前面给出的方程我们可以得到厂商利润最大化的函数：

$$\max_{L,[x_L(v,t)]} p_L Y_L(t) - w_t L - \int_0^{N_L} p_L^x x_L(v,t)\mathrm{d}v \tag{3.6}$$

$$\max_{K,[x_K(v,t)]} p_K Y_K(t) - r_t L - \int_0^{N_L} p_K^x x_K(v,t)\mathrm{d}v \tag{3.7}$$

求解式（3.6）和式（3.7），当达到平衡经济增长路径时，可以得到技术进步的均衡偏向：

$$\frac{R_K}{R_L} = \left(\frac{p_K}{p_L}\right)^{\frac{1}{\alpha}}\frac{K}{L} \tag{3.8}$$

其中，R_K 和 R_L 分别表示垄断厂商在生产资本增进型和劳动增进型机器设备的净利润。从式（3.8）可以看出，当 $R_K > R_L$ 时，生产厂商会投入更多的资金用于资本增进型机器设备的研发上；当 $R_K < R_L$，生产厂商会投入更多的资金用于劳动增进型设备的研发上。

前文中关于技术进步偏向的介绍中曾指出，当经济处于均衡时，技术进步偏向会受到"价格效应"和"市场规模效应"两者的共同作用，且两者对技术进步偏向的作用是相反的。从式（3.8）可以更加直观地理解两种效应对技术进步偏向的影响。"价格效应"促使技术创新朝着提高稀缺要素的方向发展，由 $\dfrac{\partial(R_K/R_L)}{\partial(p_K/p_L)} > 0$ 可知，利用稀缺要素生产的商品价格会变得更加昂贵，这时候厂商会投入更多的资金用于生产稀缺要素增进型的机器设备，从而使技术进步朝着稀缺要素的方向发展。"市场规模效应"使技术进步朝着丰裕要素的方向发展，由 $\dfrac{\partial(R_K/R_L)}{\partial(K/L)} > 0$ 可知，当资本（劳动）更加丰裕时，厂商会投入更多的研发资金用于资本（劳动）增进型的机器设备的生产。

由于"价格效应"和"市场规模效应"对技术进步偏向的作用是相反的，至于哪种效应占主导，则要看资本—劳动替代弹性 σ 的大小。当 $\sigma > 1$ 时，说明资本和劳动之间是替代关系，此时市场规模效应占主体地位，技术进步会偏向于较丰裕的要素；反之，当 $\sigma < 1$ 时，说明资本和劳动之间是互补关系，此时价格效应占主体地位，技术进步会偏向于较稀缺的要素。

3.2.2 偏向型技术进步理论的应用

由于 Acemoglu 揭示了技术进步偏向内在机制，并建立了技术进步的微观基础，引起了国内外研究者对技术进步偏向的广泛关注。学者们进行了大量的研究，所涉及的领域主要包括要素收入份额、技能溢价、环境经济学以及国际贸易等[①]。

（1）要素收入份额。20 世纪 70 年代，很多西方国家都经历了失业率增加和劳动收入份额不断降低的情形，而且这种情形一直持续到 80 年代。

---

① 张俊，钟春平. 偏向型技术进步理论：研究进展及争议［J］. 经济评论，2004，（5）：148 – 160.

国内外的很多研究表明，世界范围的很多国家，不管是发达国家还是发展中国家，在经济发展的中期均会在不同程度上出现失业率增加和劳动收入份额下降的情形（Blanchard，1997；Poterba，1997；Harrison，2003；Guscina，2007）。这种现象使学者们不得不重新审视在长期内使要素收入份额保持不变的"卡尔多事实，并引起学者们对这一现象背后原因的探究，经过大量的理论分析和实证研究发现，技术进步的资本偏向是导致劳动收入份额下降的主要因素。

（2）技能溢价。20 世纪 70 年代以来，由于受教育程度的提高等原因使技能工人的供给不断增加，但技能工人的工资不但没有下降，反而持续上升，学者们将这一违背传统的供求理论的现象称为"技能溢价之谜"。大量研究都将这一现象归因于技能偏向型技术进步（Autor et al.，2001；Bratti and Matteucci，2004），即技能工人供给的持续增加，导致技能偏向型技术进步的速度加快，从而导致对技能工人需求的增加，这会提高技能工人的工资，从而出现技能溢价的现象。

（3）环境经济学领域。当前，为响应国家关于构建环境友好型社会的号召，更加健康有效地利用环境资源，发展环境友好型的技术成为环境政策制定和实施过程中关注的重点。技术进步能够使资源更好地得到利用，但如何为发展清洁技术提供有效激励成为政策制定者面临的一大难题。技术进步偏向理论为分析不同的政策效果提供了重要的理论基础，是决定各种与环境相关技术研发和使用的主要因素，能够为分析不同环境政策所取得的效果提供可行的分析框架。

（4）国际贸易领域。随着全球化的不断推进，各国之间的贸易往来愈来愈多，但南北国家收入差距并未实现收敛，发达国家与发展中国家技术差距不断拉大，技术进步方向未遵循比较优势与要素禀赋相违背等问题较为突出。如何对这些问题进行解释成为学术界研究的焦点。伍德（1994）最早提出国际贸易会对技术进步方向产生影响，阿西莫格鲁（2003b）在此基础通过构造模型说明，国际贸易会导致技能偏向型技术进步。徐（Xu，2001）考察了国际贸易对两国技术进步偏向性的影响，表明国际贸易将使得高技能劳动密集型的国家发生技能偏向性技术进步，而低技能劳动密集型国家发生低技能劳动偏向性技术进步，从而造成两国收入差距的扩大。阿西莫格鲁和齐立波蒂（Acemoglu and Zilibotti，2001）、甘西亚和齐利波蒂（Gancia and Zilibotti，2009）从技术扩散的角度研究技术进步方向，发现国际贸易是发展中国家技术进步偏向资本的主要原因。李尚骜（2010）将内生技术进步方向扩展至技术进步速率的方向，考察了技术进步方向的动态特征。张莉等（2012）利用1980～2007年的跨国经济数据进行实证研究，也得到了类似的结论。因此，学者们将技术进步的偏向理论与国际贸易理论相结合，为解释不同国家的技术进步偏向、收入差距以及要素收入份额等现象提供了可能。

3.2.3　技术进步偏向的作用机制

3.2.3.1　资本价格扭曲与技术进步偏向

要素价格扭曲是指市场非完全竞争情况下要素的市场价格与其机会成本之间不一致（Chacholiades，1978）。国内外大量研究表明，在发展中国家，要素价格扭曲是一种普遍现象（Clague，1991；Wacziarg，2002）。具体来看：（1）在不同产业部门中，资本价格的扭曲促使适宜发展资本密集型的行业增长，从而抑制劳动密集型行业的发展，如纺织业、皮羽制品业、造纸及纸制品业等行业；（2）在厂商竞争方面，资本价格扭曲导致更多使用资本密集型技术的企业获得较快发展，并导致以劳动密集型生产为主的企业加速衰减；（3）在企业层面上，资本价格扭曲会使企业更多地选择用资本去替代劳动，从而促使资本偏向型的技术获得较快的发展。可见，要素价格扭曲是导致中国制造业技术进步偏向资本的重要原因。

3.2.3.2　国际贸易与技术进步偏向

国际贸易产生于不同国家要素禀赋的差异，并通过影响各国的要素价格和要素丰裕度等对技术进步的方向产生影响（Acemoglu，1998）。在开放条件下，国际贸易使得发达国家专注于生产资本偏向型产品，其技术进步为资本偏向型的，并通过技术溢出效应和国际生产分割的作用，使发展中国家的技术进步也偏向资本。具体来说，国际贸易对技术进步方向的影响机制可以归结为以下两个方面。

1. 技术溢出效应。国际贸易能够使发展中国家从发达国家获得技术溢出，且贸易开放程度越大所获得的技术溢出也越多（Coe and Helpman，1995）。国际贸易通过技术溢出影响技术进步的方向主要体现在资本品的进口和出口贸易的"干中学"效应。首先，从资本品进口角度来说，由于资本品中蕴含着技术、知识，对进口国的生产率增长具有直接影响，是国际贸易技术溢出最直接的途径。发展中国家为了更好地利用从发达国家进口的机器、设备等资本品，会增加对技能劳动力的需求，使发展中国家的技术进步偏向技能劳动力，而发展中国家的技能偏向型技术进步应归结到资本偏向型技术进步（王林辉和董直庆，2012；张莉等，2012），从而使技术进步偏向资本。其次，从出口贸易的"干中学"角度来说，国际贸易本身就是一个"干中学"的过程，出口贸易使发展中国家的企业进入竞争激烈的国际市场，从国外消费者处获得需求等各种信息反馈，通过模仿技术前沿国的先进技术，不断改进产品制造工艺、产品设计和质量等方面的技术（李小平，2008），提高出口商品的技术含量，从而通过出口贸易的技术溢出复制了发达国家技术进步的方向。

2. 国际生产分割的作用。"国际生产分割"也被称为产品内分工或外包，即将完整的产品生产过程按照工序、区段进行分解，在不同国家形成以工序、区段以及环节为对象的新型分工体系（蒋为和黄玖立，2014）。随着经济全球化的发展和国际生产分工的细化，发达国家为了提升市场竞争力，降低生产成本，将很多劳动密集型的生产环节转移到发展中国家，中国在招商引资和出口导向等贸易政策的促使下，成为这一新型分工体系的重要参与者，主要参与形式为承接国际外包，即从发达国家进口中间产品，通过国内相对廉价的劳动力进行加工、组装等生产环节，再将产品最终出口到发达国家市场。参与国际生产分割会对中国技术进步的方向带来重要的影响，具体来说，随着技术水平的提高，发达国家转移到中国的生产环节所包含的技术复杂度也越来越高，为了更好地承接这些生产环节，中国企业对技能劳动力的相对需求不断增加（邓军，2011），导致出现技能偏向型技术进步。根据技能偏向型技术进步应归结到资本偏向型技术进步的观点，中国技术进步逐渐偏向资本。

3.2.3.3 要素禀赋与技术进步偏向

希克斯（1932）的《工资理论》最早提出了技术进步偏向理论，将技术进步方向划分为中性技术进步、资本节约型和劳动节约型技术进步。阿西莫格鲁（2002，2003a，2007）在内生技术进步的框架下，通过进一步分析希克斯的假设，发现要素相对投入是决定要素技术进步方向的最重要因素。改革开放以来，中国经济快速发展，资本积累速度不断加快，使中国劳均资本存量迅速提高（中国经济增长与宏观稳定课题组，2010）。根据引致技术进步的观点，要素相对供给的变化是影响技术进步方向的主要因素，由于中国资本积累比劳动迅速，使企业更加倾向于研究偏向资本的技术，从而导致技术进步偏向资本。戴天仕和徐先祥（2010）利用中国宏观数据研究发现，1978～2005年间，中国劳均资本的年均增长率为 10.1%，说明中国资本积累不断深化，企业当然更倾向于研发和应用资本偏向型的技术。另外，要素结构禀赋也会对技术进步的方向产生影响。潘士远（2008）通过构建一般均衡模型发现劳动力禀赋结构能够通过影响最优专利制度对技术进步方向产生作用。他指出，当熟练劳动力相对非熟练劳动力较多时，与熟练劳动力匹配的技术的溢出效应就会大于与后者相匹配技术的溢出效应，从而使与熟练劳动力匹配的劳动密集型产品的技术专利的宽度宽于与后者匹配的技术专利的宽度，由于技术进步方向本身取决于熟练劳动力和非熟练劳动力的相对数量，因此，当熟练劳动力数量较多时，就会使与其相匹配的机器设备的需求相对较大，从而使发明这些机器设备的收益相对较大，导致技术进步偏向于技能密集型。

3.2.4 中国技术进步偏向的演进过程

目前，关于技术进步偏向的研究文献主要可以分为两类：一类是以阿西莫格鲁为主要代表的引致技术进步理论，即认为要素相对供给的变化是影响技术进步偏向的主要因素，如果一国在经济发展中资本积累速度较快，企业将更愿意研究和发明偏向资本的技术，从而导致技术进步偏向资本（Acemoglu，2002，2003b）；另一类是技术扩散理论，即认为技术模仿会对发展中国家的技术进步方向产生影响，发展中国家模仿发达国家的技术，从而复制了发达国家技术进步的方向（Gancia and Zilibotti，2009）。戴天仕和徐现祥（2010）根据阿西莫格鲁（2002）的定义，推导出技术进步方向指数的测算方法，并考察了中国 1978～2005 年技术进步的方向（见图 3.3）。

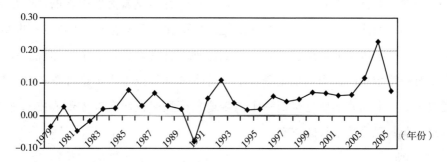

图 3.3　1979～2005 年中国技术进步方向指数

资料来源：戴天仕和徐现祥（2010）。

从图 3.3 可以看出，中国的技术进步方向可以分为两个阶段：首先，改革开放初期（1979～1982 年），中国技术进步偏向劳动。在改革开放前，大量剩余劳动力由于户籍制度的限制被固定在农村，劳动者的生产积极性不高，劳动效率长期处于较低的状态。改革开放初期，中国经济体制改革率先在农村开始，同时逐步放开工商业市场，这些政策大大提高了人们的生产热情，劳动生产效率得到大幅提升。虽然这一阶段中国的劳均资本的平均增长率为 5.2%，但是有效劳动大大增加使得实际的劳均资本出现下降。而且在改革开放初期，中国对外开放度还处于较低水平，外商直接投资水平也较低，资本效率提高的速度还较为缓慢，从而导致这一阶段技术进步偏向劳动。其次，改革开放中期（1983～2005 年）以来，中国技术进步偏向资本。随着中国经济体制改革逐渐转向城市，国有企业改制不断推进，增量改革部分私营资本开始加速提高，对外贸易程度不断提升，外商直接投资加速增加等，使中国资本积累速度不断提高，而此时劳动增长速度却逐渐恢复到正常水平，从而使得劳均资本明显提高，因此，从这一阶段开始技术进步逐渐偏向资本。

3.3 资本体现式技术进步对经济增长的贡献模型

在前文的分析中我们发现，中国技术进步并非是希克斯中性的，而是偏向资本的。因此，传统经济增长核算模型中采用全要素生产率代替技术进步，必将导致技术进步的贡献被低估。那么这种融合在设备资本中的体现式技术进步对经济增长的作用到底是怎样的？资本体现式技术进步最优路径又是如何决定的？下面我们通过构造一个内生增长模型来说明资本体现式技术进步的路径及其对经济增长的贡献。

3.3.1 模型的基本设定

我们先假设经济中只存在两个部门：一个部门只生产消费品和建筑资本品；另一个部门只生产设备资本品。其中，消费品只能用于消费，而资本品只能用于投入生产。

假设代表性消费者使用劳动投入 L_t、建筑资本 $K_{s,t}$ 和设备资本 $K_{e,t}$ 进行生产，且生产函数满足 C-D 形式：

$$Y_t = A_t K_{s,t}^{\alpha_1} K_{e,t}^{\alpha_2} L_t^{1-\alpha_1-\alpha_2} \tag{3.9}$$

其中，Y_t 表示产出；A_t 表示希克斯中性技术进步；α_1 和 α_2 同时满足 $0 < \alpha_1 + \alpha_2 < 1$，$0 < \alpha_1 < 1$，$0 < \alpha_2 < 1$。

将式（3.9）两边分别除以劳动 L_t，可得劳均产出的生产函数：

$$y_t = A_t k_{s,t}^{\alpha_1} k_{e,t}^{\alpha_2} \tag{3.10}$$

其中，y_t、$k_{s,t}$ 和 $k_{e,t}$ 分别表示 t 时期的劳均产出、劳均建筑资本和劳均设备资本。

假设经济体中存在着一个能够无限期生存的代表性消费者，其效用主要来自对于消费品的消费，那么其一生的效用贴现函数为：

$$U = \int_{t=0}^{\infty} e^{-\rho t} u(c(t)) \, \mathrm{d}t \tag{3.11}$$

其中，$u(c(t)) = \dfrac{c(t)^{1-\theta}}{1-\theta}$，$0 < \theta < 1$。这个函数形式就是相对风险厌恶不变的效用函数，$\theta$ 便是这个不变的相对风险规避系数，它将会使经济收敛于平衡增长路径。另外，c_t 表示 t 时期的消费，ρ 是贴现率，表示消费者的时间偏好。

代表性消费者面临的资源预算方程满足：

$$y_t = c_t + i_{s,t} + i_{e,t} \tag{3.12}$$

其中，$i_{s,t}$ 表示 t 时期建筑资本投资；$i_{e,t}$ 表示 t 时期设备资本投资。建筑资本和设备资本的积累方程如下：

$$k_{s,t} = i_{s,t} + k_{s,t-1}(1 - \delta_{s,t})$$
$$k_{e,t} = q_t i_{e,t} + k_{e,t-1}(1 - \delta_{e,t}) \tag{3.13}$$

其中，$\delta_{s,t}$ 和 $\delta_{e,t}$ 分别表示建筑资本和设备资本的折旧率，一般情形下有 $\delta_{e,t} > \delta_{s,t}$。$q_t$ 表示资本质量指数，用于度量第 t 时期设备资本的生产状态，格林伍德等（1997）最早引入变量 q，它是建立在不同时期设备资本质量和生产率不同的基础上，用来衡量与设备资本投资相融合的体现式技术进步[①]。此后，很多学者纷纷采用这种方法分析不同时期设备资本投资的变化（Krusell, 1998; Kogan, 2004）。一般认为设备资本质量是不断提高的，即假定 $q_t \geqslant 1$。同时，假定不同时期建筑资本的质量是保持不变的。

代表性消费者的收入主要来自两个方面：一是向生产企业提供劳动获得工资 w；二是向生产企业提供资本，即获得资本的利息 r_t。因此，消费者的预算约束方程为：

$$c(t) \leqslant w_t + r_{s,t}(i_{s,t} - \delta_s k_{s,t}) + r_{e,t}(q_t i_{e,t} - \delta_e k_{e,t})$$

其中，w_t 表示工资收入；$r_{s,t}$ 表示建筑资本的利率；$r_{e,t}$ 表示设备资本的利率。在完全竞争的情形下，设备资本和建筑资本的利息相等，即 $r_t = r_{s,t} = r_{e,t}$，则有：

---

① Greenwood J., Krusell P. Long-Run Implications of Investment-Specific Technological Change [J]. General Information, 1997, 87 (3): 342–362.

$$c(t) \leqslant w_t + r_t(i_{s,t} - \delta_s k_{s,t} + q_t i_{e,t} - \delta_e k_{e,t}) \qquad (3.14)$$

3.3.2 资本体现式技术进步的路径

根据上面关于消费者效用最大化的方程、建筑资本和设备资本的积累方程以及消费者面临的预算约束，我们通过构建动态最优化模型，可以得到代表性消费者的最优选择路径。下面是代表性消费者的目标函数和预算约束条件：

$$\max U(c(t)) = \max \int_{t=0}^{\infty} e^{-\rho t} u(c(t)) \mathrm{d}t$$

$$\text{s. t.} \quad k_{s,t} = i_{s,t} + k_{s,t-1}(1 - \delta_{s,t})$$

$$k_{e,t} = q_t i_{e,t} + k_{e,t-1}(1 - \delta_{e,t})$$

$$\int_{t=0}^{\infty} e^{-D(t)} c_t \mathrm{d}t \leqslant \int_{t=0}^{\infty} e^{-D(t)} [w_t + r_t(i_{s,t} - \delta_s k_{s,t} + q_t i_{e,t} - \delta_e k_{e,t})] \mathrm{d}t$$

其中，$D(t) = \int_{v=0}^{t} (q_v r_v - \delta_v) \mathrm{d}v$，表示初始的一单位投入在第 t 期减去折旧后可获得 $e^{D(t)}$ 单位的产出，它由设备资本品的质量和折旧率共同决定。

根据代表性消费者的目标函数和预算约束条件，可以构造如下的拉格朗日函数：

$$H = u(c(t)) e^{-\rho t} + \lambda_s(k_{s,t} - i_{s,t} - k_{s,t-1}(1 - \delta_{s,t})) + \lambda_e(k_{e,t} - q_t i_{e,t}$$

$$- k_{e,t-1}(1 - \delta_{e,t})) + \varphi \left(\int_{t=0}^{\infty} e^{-D(t)} c_t \mathrm{d}t - \int_{t=0}^{\infty} e^{-D(t)} (w_t + r_t(i_{s,t} - \delta_s k_{s,t} \right.$$

$$\left. + q_t i_{e,t} - \delta_e k_{e,t})) \mathrm{d}t \right)$$

其中，λ_s 和 λ_e 表示汉密尔顿乘子；φ 表示拉格朗日乘子。根据上式求解消费者效用最大化的一阶条件可得：

$$e^{-\rho t} c_t^{-\theta} = \varphi e^{-D(t)}$$

对上式两边取对数并关于时间 t 求导，进一步化简可得代表性消费者的最优消费路径：

$$g_c = \frac{\dot{c_t}}{c_t} = \frac{1}{\theta}(q_t r_t - \rho - \delta)$$

其中，g_c 表示消费增长率。

假设市场是完全竞争的，则资本的市场利率等于资本的边际生产率，从而上式可以转化为：

$$g_c = \frac{\dot{c_t}}{c_t} = \frac{1}{\theta}(q_t y'_{k_{e,t}} - \rho - \delta) \qquad (3.15)$$

从式（3.15）可以看出，经济体的增长率并非只由资本的边际生产率决定，还由资本质量指数（代表资本体现式技术进步）和资本边际生产率共同决定，这区别于传统的经济增长模型。新增的设备资本中往往包含着更高的质量和生产率，说明传统的增长核算模型存在缺陷。在经济增长的过程中，如果资本利率或者资本的边际生产率大于贴现率和折旧率之和，则劳均消费水平将会增加，反之，则会下降；风险规避系数 θ 越小，消费者对资本利率和折旧率的变化越敏感。

联立式（3.10）、式（3.12）和式（3.15）可以得到，在经济收敛的平衡增长路径上，劳均产出的增长率和代表性消费者的消费增长率是相等的，则有 $g_y = g_c = g$，其中，令 g 表示均衡增长率。根据建筑资本的积累方程，并依据平衡增长路径的性质，可以得到建筑资本的增长率 g_s 等于产出增长率 g_y 和消费增长率 g_c。同理，根据设备资本的积累方程，可以得到，在均衡时设备资本的增长率 g_e 等于设备资本质量的增长率 g_q 乘以产出或消费增长率，即 $g_e = g_q g$，由于设备资本积累速度比建筑资本积累速度快，则设备资本的增长率也快于建筑资本的增长率，从而也快于产出的增长速度。

对式（3.10）两边取对数并关于时间 t 求导，再将建筑资本和设备资本的增长率代入可得：

$$\frac{\dot{y_t}}{y_t} = \frac{\dot{A_t}}{A_t} + \alpha_1 \frac{\dot{k_{s,t}}}{k_{s,t}} + \alpha_2 \frac{\dot{k_{e,t}}}{k_{e,t}} = g_A + \alpha_1 g + \alpha_2 g_q g$$

对上式进行整理可得：

$$g = g_A / (1 - \alpha_1 - \alpha_2 g_q) \qquad (3.16)$$

81

其中，g_A 表示中性技术进步的速率。

对式（3.16）关于 g_q 和 g_A 分别进行求导并整理得：

$$g'_{g_q} = \frac{\alpha_2 g_A}{(1 - \alpha_1 - \alpha_2 g_q)^2}, g'_{g_A} = \frac{1}{(1 - \alpha_1 - \alpha_2 g_q)} \tag{3.17}$$

从式（3.16）可以看出，当经济处于均衡时，经济增长率 g 可以分解为中性技术进步增长率和资本体现式技术进步增长率，一国经济的增长源于两者的共同作用。由式（3.17）可知，g'_{g_q} 和 g'_{g_A} 都大于 0，说明经济增长率的变化不仅是资本体现式技术进步的增函数，而且也是中性技术进步的增函数。不论两者中哪个技术进步提高，经济增长率都会提高，从而促使一国经济加速增长。从生产函数和资本积累只用于投资的假定可以看出，即使初始资本体现式技术进步为 0，当新增资本用于购买设备资本时，资本体现式技术进步仍将会作用于经济增长。这主要是因为随着中性技术进步不断作用于经济增长，促使生产率不断提高，从而提高了新生产设备资本中的技术含量，当这种包含更高质量的设备资本不断投入生产，就会产生资本体现式技术进步并同中性技术进步一起作用于经济增长。

联立式（3.12）、式（3.14）、式（3.16），并根据代表性消费者效用最大化的一阶条件，可以推导出 q_t 满足的方程：

$$\theta g_A = (1 - \alpha_1 - \alpha_2 g_q)(q_t y'_{k_{e,t}} - \rho - \delta)$$

$$g_q = q_t y'_{k_{e,t}} - y'_{k_{s,t}}$$

将上面两式化简可得关于 q_t 的一元二次方程：

$q_t^2 - q_t(1 - \alpha_1 + \alpha_2 \rho + \alpha_2 \delta + \alpha_2 y'_{k_{s,t}})/\alpha_2 y'_{k_{e,t}} + (\theta g_A + (\rho + \delta)(1 - \alpha_1 - \alpha_2 y'_{k_{s,t}}))/\alpha_2 y'^2_{k_{e,t}} = 0$ 根据上式就可以求解出 q_t 的解，令 $\pi_1 = (1 - \alpha_1 + \alpha_2 \rho + \alpha_2 \delta + \alpha_2 y'_{k_{s,t}})/\alpha_2$，$\pi_2 = [\theta g_A + (\rho + \delta)(1 - \alpha_1 - \alpha_2 y'_{k_{s,t}})]/\alpha_2$，将 q_t 关于 $k_{e,t}$ 求导可得：

$$q'_{k_e} = -\frac{y''_{k_{e,t}}}{2y'^2_{k_{e,t}}}(\pi_1 + \sqrt{\pi_1^2 - 4\pi_2}) \tag{3.18}$$

由资本边际报酬递减规律可知，$y''_{k_{e,t}} < 0$，从而可以看出 q'_{k_e} 大于 0，说明

设备资本存量越多，资本体现式技术进步增长越快；设备资本边际生产率（$y'_{k_e,t}$）越高，资本体现式技术进步增长越快。因此，资本体现式技术进步的增长取决于设备资本数量和设备资本边际生产率两者的共同作用。

通过上面的理论模型，我们发现资本体现式技术进步能够促进经济增长。那种不考虑融合在设备资本投资中的体现式技术进步，只考虑中性技术进步的传统增长核算模型，必将低估技术进步对经济增长的贡献，导致产生错误的结论。因此，本书在研究的过程中同时考虑中性技术进步和资本体现式技术进步对经济增长的贡献，分别考察制造业各分行业中性技术进步和资本体现式技术进步对经济增长贡献的差异性，以期找出制造业分行业技术升级的发展路径。

3.4　本　章　小　结

本章的研究内容主要分为三个部分：首先，介绍了技术进步的影响因素及其传导机制，并详细阐述了技术创新效应、技术溢出效应和制度等因素对技术进步的作用。其次，构造了技术进步偏向的基本模型，为下文测度制造业技术进步偏向提供理论基础。同时，对技术进步偏向理论的应用进行归纳，并分析了技术进步偏向的作用机制，以及中国技术进步偏向的演进过程。最后，在内生增长理论的基础上，通过构建一个两部门模型，描述了资本体现式技术进步的路径及其对经济增长的贡献性。

具体来说，技术创新会通过自主创新和模仿创新两个方面提高一国或地区的技术水平，而技术溢出则通过 FDI 和国际贸易两个渠道作用于技术进步。另外，制度因素和产业集聚也会对技术进步产生重要影响。正是由于 FDI 和国际贸易以及模仿创新等因素对技术进步的作用，使中国技术进步在演进的过程中逐渐呈现出偏向特征。本章的第二部分详细介绍了技术进步偏向理论的基本模型以及近些年在经济领域的应用，阐述了资本价格扭曲、要素禀赋以及国际贸易等导致中国技术进步有偏的作用机制，并将改革开放以来中国技术进步偏向分为两个阶段：即改革开放初期技术进步偏向劳动，进入20世纪 90 年代中期以后呈现出明显的资本偏向特征。另外，大量研究已经证明，中国技术进步是有偏的，但是传统的经济增长核算模型仍然采用全要素生产率度量技术进步的大小，这必然会导致技术进步被低估，从而对正确认识中国技术进步贡献和下一阶段经济增长方式的转变产生错误的指导。因此，本章的第三部分通过构造资本体现式技术进步对经济增长作用的模型，证明资本体现式技术进步对经济增长贡献性，从而为下文重新测度技术进步奠定理论基础。

第 4 章
中国制造业技术进步偏向的演进特征及行业差异性分析

前文中已经提到，早期的技术进步研究一般都是建立在希克斯中性的基础之上，假定资本—劳动替代弹性等于 1，但近年的研究和各国的实践不断发现，技术进步是非希克斯中性的（Harrison，2003；Acemoglu，2003），技术进步通过影响生产过程中的要素投入，或者表现为劳动增强型，或者表现为资本增强型，而且两者的速率通常也不相等，从而使技术进步具有要素偏向性。为了更加充分地证明中国制造业及其细分行业技术进步的偏向性，从而为后文重新测算技术进步对经济增长的贡献提供佐证，本章将通过实证研究估算中国制造业及其分行业技术进步的偏向性，并考察改革开放以来技术进步方向的演进特征，在此基础上，分析制造业技术进步偏向的行业差异性。

4.1　技术进步偏向研究的概述

关于技术进步偏向的研究始于希克斯（1932）技术创新会倾向于节约使用那些相对昂贵生产要素的观点，但由于这类研究缺乏微观基础（Nordhaus，1973），当时并没有引起学术界广泛的关注。直到 20 世纪 90 年代内生增长理论的兴起，重新引起了学者们对技术进步要素偏向性的研究兴趣。阿西莫格鲁（2002，2003，2007）在内生增长理论框架下，发现技术创新偏向受到要素价格变化和市场规模的影响，从而揭示了影响技术进步偏向的内在机制。克伦普等（klump et al.，2008）利用1970~2005年欧元区的数据，发现这些国家的技术进步是资本偏向型的。萨托和莫里塔（Sato and Morita，2009）通过对日本和美国的技术进步进行研究，也得到了类似的结论。黄先海和徐圣（2009）将中国制造业分为劳动密集型部门和资本密集型部门，利用1989~2006年的数据证明了中国制造业技术进步偏向资本。戴天仕和徐先祥（2010）在Acemoglu（2002）的定义基础上，推导出度量技术进步方向的方法，并发现1978~2005年中国技术进步偏向资本。

可见，学术界对要素替代弹性和技术进步偏向的测度进行了初步的探索，但仍有诸多需要深入研究的方面。即使是目前学术界比较推崇的标准化系统法，实证研究也不多，而且主要集中在宏观层面的分析上，对细分行业的研究还处于空白。基于此，本章致力于运用标准化系统法进行三个方面的实证研究：一是通过测算1980~2011年中国制造业的资本—劳动替代弹性和技术进步偏向指数，考察制造业技术进步的偏向性，并刻画改革开放以来制造业技术进步的演进趋势和阶段性特征；二是对上述各项指标进行分行业的比较研究：探索各行业在技术进步上的差异性及其产生的原因；三是本书的研究还丰富了技术进步偏向对劳动收入份额不断下降的解释，即通过分析技术进步偏向的演进特征和劳动收入份额的动态变化过程的对照图，发现中国劳动收入份额与技术进步的资本偏向存在明显的负相关关系。

本章的剩余内容安排如下：第4.2节是关于模型方法的介绍和变量说明。其中，在模型方法中，首先介绍了估算资本—劳动替代弹性的三方程标准化系统法，其次介绍了测度各期技术进步速率和技术进步偏向指数的理论模型。第4.3节和第4.4节是实证研究部分，分别对中国制造业整体和制造业分行业技术进步方向指数进行了估计，并考察了制造业整体技术进步偏向的演进规律和不同行业技术进步偏向的特征。第4.5节是本章的结论部分。

4.2　技术进步偏向测算的模型方法

本节将主要介绍选择标准化系统法对要素替代弹性进行估计的原因，并通过联立标准化的 CES 生产函数、资本需求函数及劳动需求函数三个方程，采用非线性似不相关回归对中国制造业的资本—劳动替代弹性、跨期和单期的技术进步速率以及技术进步偏向指数进行估计。

4.2.1　资本—劳动替代弹性估算方法的选择

前述中已经就要素替代弹性的相关研究进行了梳理，本节将主要分析各方法在使用时的优点和存在的缺陷，从而说明本书选择标准化系统法的原因。

由于要素替代弹性是测度技术进步偏向指数方程中的重要参数，现有文献对要素替代弹性的测度进行了大量的研究，但截至目前该参数的测算还没有统一的标准，常用的方法包括推断法、单方程模型估计方法和标准化供给面系统法（简称标准化系统法）。具体来说，推断法通过考察资本收入份额与资本—产出比之间的关系，只能得出要素替代弹性的大致范围，无法确定要素替代弹性的具体值；单方程估计法是在估计时需要对技术进步做出严格假定，而且资本和劳动需求函数的估计结果往往不一致，同时超对数成本函数估计并非全局性最优，因此，存在较明显的系统误差；而标准化系统法通过联立标准化的 CES 生产函数、资本和劳动需求函数三个方程，系统地考察了要素替代弹性和技术进步速率的相互影响，不仅消除了单一方程的估计误差，而且解决了参数的可识别问题，使测算结果具有很高的可信度。德拉格兰德维尔（De La Grandville，1989）首次提出并采用这种方法考察了要素替代弹性和经济增长的关系，并在后来的论文中进一步将其进行扩展。同时，标准化 CES 生产函数使其他变量和参数具有相同的基准值，只有要素替代弹性存在差异，从而这种生产函数更加适合考察要素替代弹性与经济增长之间的关系。因此，本章将采用标准化系统法对资本—劳动替代弹性进行估计。

4.2.2　跨期要素替代弹性及技术进步平均速率的测算方法

标准化的 CES 生产函数能够更好地反映出各参数的经济含义，因此，本书用克勒姆等（Klump et al.，2007[①]、2012[②]）提出的标准化供给系统方法进行估计。

要素增强型技术进步 CES 生产函数的形式为：

$$Y_t = \left[\left(E_t^K \cdot K_t \right)^{\frac{\sigma-1}{\sigma}} + \left(E_t^N \cdot N_t \right)^{\frac{\sigma-1}{\sigma}} \right]^{\frac{\sigma}{\sigma-1}} \tag{4.1}$$

其中，Y_t 表示实际产出；K_t 和 N_t 分别表示资本和劳动投入；σ 表示资本—劳动替代弹性，指资本和劳动投入比的变化率与这两种要素价格变化率的比值；E_t^K 和 E_t^N 分别表示资本产出效率和劳动生产效率水平，即资本增强型和劳动增强型技术进步水平。

假设 t_0 表示基期，(K_{t_0}, N_{t_0}) 为基期的资本和劳动投入，Y_{t_0} 为基期的产出，$MRS_{t_0} = \dfrac{\partial Y_{t_0}/\partial K_{t_0}}{\partial Y_{t_0}/\partial N_{t_0}}$ 为基期的边际替代率，$\pi_0 = \dfrac{r_0 K_{t_0}}{w_0 N_{t_0} + r_0 K_{t_0}} = \dfrac{r_0 K_{t_0}}{P_0 Y_{t_0}}$ 为基期的资本收入占全部要素收入份额，其中 w_0、r_0 和 P_0 分别表示基期劳动者工资率、资本利率和价格水平。

假定资本和劳动的生产效率呈指数增长，即：

$$E_t^i = E_0^i \cdot e^{\gamma_i(t-t_0)}, i = K, N \tag{4.2}$$

其中，γ_i 表示要素增强型技术进步的增长率，简称"要素技术进步速率"。当 $\gamma_K = \gamma_N > 0$ 时，表示希克斯中性技术进步；当 $\gamma_K > 0, \gamma_N = 0$ 时，表示索洛中性技术进步；当 $\gamma_K = 0, \gamma_N > 0$ 时，表示哈罗德中性技术进步；当 $\gamma_K > 0 \neq \gamma_N > 0$ 表示要素增强型技术进步。E_0^K 和 E_0^N 分别表示基期的资本产出效率和劳

① Klump R, McAdam P, Willman A. Factor Substitution and Factor-Augmenting Technical Progress in the United States：A Normalized Supply-Side System Approach ［J］. The Review of Economics and Statistics，2007，89（1）：183－192.

② Klump R, McAdam P, Willman A. The Normalized CES Production Function：Theory and Empirics ［J］. Journal of Economic Surveys，2012，26（5）：769－799.

动生产效率水平，由式（4.1）对 K_t 和 N_t 分别求导可得：

$$F_K = \frac{\partial Y}{\partial k} = \left(\frac{Y_t}{K_t}\right)^{\frac{1}{\sigma}} (E_t^K)^{\frac{\sigma-1}{\sigma}}$$

$$F_N = \frac{\partial Y}{\partial N} = \left(\frac{Y_t}{N_t}\right)^{\frac{1}{\sigma}} (E_t^N)^{\frac{\sigma-1}{\sigma}} \tag{4.3}$$

在 $t = t_0$ 时：

$$\frac{\partial Y/\partial K_{t_0}}{\partial Y/\partial N_{t_0}} = \frac{r_0}{w_0} ; \quad \frac{r_0 K_{t_0}}{w_0 N_{t_0}} = \frac{\pi_0}{1 - \pi_0}$$

在 $t = t_0$ 时，将式（4.3）代入进一步整理得：

$$E_{t_0}^K = \left(\frac{\pi_0}{1 - \pi_0}\right)^{\frac{\sigma}{\sigma-1}} \frac{E_{t_0}^N N_{t_0}}{K_{t_0}}, E_{t_0}^N = \left(\frac{1 - \pi_0}{\pi_0}\right)^{\frac{\sigma}{\sigma-1}} \frac{E_{t_0}^K K_{t_0}}{N_{t_0}} \tag{4.4}$$

将式（4.4）代入 $t = t_0$ 时 Y_{t_0} 的表达式得：

$$E_{t_0}^K = \frac{Y_{t_0}}{K_{t_0}} \left(\frac{1}{\pi_0}\right)^{\frac{\sigma}{1-\sigma}}, E_{t_0}^N = \frac{Y_{t_0}}{N_{t_0}} \left(\frac{1}{1 - \pi_0}\right)^{\frac{\sigma}{1-\sigma}} \tag{4.5}$$

将式（4.5）代入式（4.2），并将结果代入式（4.1），就可以得到标准化 CES 生产函数的表达式：

$$Y_t = Y_{t_0} \left[\pi_0 K_{t_0}^{\frac{1-\sigma}{\sigma}} (K_t \cdot e^{\gamma_K(t-t_0)}) + (1 - \pi_0) N_{t_0}^{\frac{1-\sigma}{\sigma}} (N_t \cdot e^{\gamma_N(t-t_0)}) \right]^{\frac{\sigma-1}{\sigma}} \tag{4.6}$$

由于所设定的估计方程为非线性的 CES 生产函数，因此，初始产出水平和初始投入水平之间的关系具有不确定性，为了消除其所带来的问题，尽可能利用更多的数据信息，本书依据克勒姆等（2007，2012）的建议，引入规模因子 ξ，并选取样本均值作为初始值，即令 $Y_{t_0} = \xi\overline{Y}$，$K_{t_0} = \overline{K}$，$N_{t_0} = \overline{N}$，$\pi_0 = \overline{\pi}$，$t_0 = \overline{t}$。其中，$\overline{Y}$、$\overline{K}$ 和 $\overline{N}$ 分别表示产出、资本和劳动的几何平均值，$\overline{\pi}$ 和 $\overline{t}$ 为资本收入份额和时间的算数平均值[11-12]。将这些初始值代入（4.6）式整理得：

$$Y_t = \xi\overline{Y} \left[\overline{\pi} \left(\frac{e^{\gamma_K(t-t_0)} K_t}{\overline{K}}\right)^{\frac{\sigma-1}{\sigma}} + (1 - \overline{\pi}) \left(\frac{e^{\gamma_N(t-t_0)} N_t}{\overline{N}}\right)^{\frac{\sigma-1}{\sigma}} \right]^{\frac{\sigma}{\sigma-1}} \tag{4.7}$$

对式（4.7）两边同时取对数可得：

$$\log\left(\frac{Y_t}{\overline{Y}}\right) = \log(\xi) + \frac{\sigma}{\sigma - 1}\log\left[\overline{\pi}\left(\frac{e^{\gamma_K(t-t_0)}K_t}{\overline{K}}\right)^{\frac{\sigma-1}{\sigma}} + (1 - \overline{\pi})\left(\frac{e^{\gamma_N(t-t_0)}N_t}{\overline{N}}\right)^{\frac{\sigma-1}{\sigma}}\right]$$

$$(4.8)$$

对式（4.7）两边分别求利润最大化的一阶条件可得资本和劳动的需求函数：

$$\log(r_t) = \log\left(\overline{\pi}\frac{\xi\overline{Y}}{\overline{K}}\right) + \frac{1}{\sigma}\log\left(\frac{Y_t/(\xi\overline{Y})}{K_t/\overline{K}}\right) + \frac{\sigma-1}{\sigma}\gamma_K(t-t_0) \qquad (4.9)$$

$$\log(w_t) = \log\left[(1 - \overline{\pi})\frac{\xi\overline{Y}}{\overline{N}}\right] + \frac{1}{\sigma}\log\left(\frac{Y_t/(\xi\overline{Y})}{N_t/\overline{N}}\right) + \frac{\sigma-1}{\sigma}\gamma_N(t-t_0)$$

$$(4.10)$$

式（4.8）~式（4.10）即为三方程联立的标准化系统法模型，运用该模型可以估算出跨期的资本和劳动技术进步平均速率 γ_K 和 γ_N 以及资本—劳动替代弹性 σ。

对于式（4.8）~式（4.10）所组成的联立方程的估计，我们采用文献中广泛采用的可行性广义最小二乘法（FGNLS）进行估计（Klump et al.，2007；Leon-Ledesma et al.，2010；陈晓玲和连玉君，2012），假定上述的三个方程的扰动项不相关，则 FGNLS 方法等价于非线性似不相关估计（NLSUR）。对于非线性似不相关估计，可以采用 Stata11.0 提供的相关命令并通过编程来实现。为了消除异方差对统计推断可能带来的影响，我们采用 White 估计来计算相应参数的标准误差。对于非线性似不相关估计，通常采用两步法进行：首先，假定上述三个方程的干扰项是相互独立的，先分别采用最小二乘法对上述三个方程单独进行估计，这样就能够得到三个残差向量，这时所得到的结果虽然不是有效的估计量，但是仍然是一致的；其次，对在第一步中所得到的三个残差向量所组成的方差—协方差矩阵进行 Cholesky 分解，并将分解后的矩阵对原有模型进行正交变换，这样就可以使变换后的模型的干扰项相互之间是独立的。经过上述的变化以后，再通过对上述三个方程所组成的非线性方程组进行向量化处理，就可以将其转化为普通的单方程非线性模型，此时，可以采用修正后的 Gauss-Newton 方法最小化残差平方和就可以得到相应参数的估计值。此外，在最小化残差平方和的过程中，取收敛公差为 10^{-5}，步长为 4×10^{-7}。

由于初始值的设定对于非线性模型的估计至关重要，因此，在利用似不相关回归对上述联立方程组进行估算时，其非线性估计初始值设定为：（1）按照克勒姆等（2007）的研究取产出、资本以及劳动的几何平均值以及资本收入份额的算数平均值为初始值；（2）为了能够实现全局收敛，分别取 1、0.0001、0.002 为 ξ、γ_K、γ_N 的初始值；（3）设定资本—劳动替代弹性初始值 $\sigma \in [0.02 : 0.05 : 2.2]$。

4.2.3　各期要素技术进步速率的估算方法

为了进一步考察中国制造业技术进步方式演进特征，假设由式（4.8）~式（4.10）联立方程估算出的 σ 不变，借鉴萨托和莫里塔（Sato and Morita，2009）提出的测度要素技术进步速率的指数方法，可推导出单期资本和劳动技术进步速率的测算模型：

$$\sigma = - \frac{\mathrm{d}(K/N)}{\mathrm{d}(F_K/F_N)} \bigg/ \frac{K/N}{F_K/F_N} \tag{4.11}$$

当 $\sigma > 1$ 时，表示资本和劳动两种要素在生产过程中可以相互替代，因此，企业可以根据两者的相对价格的差异，选择更多使用相对价格较低要素的技术进行生产；当 $\sigma < 1$ 时，说明资本与劳动之间具有互补关系，在生产过程中这些要素都是不可或缺的，企业可根据资本和劳动相对价格变化，使技术进步朝着提高稀缺要素生产效率水平的方向发展，以弥补稀缺要素的不足。

假设单位有效产出为 $\bar{q} = Q/E^N N$，单位有效劳动资本为 $\bar{k} = E^K K/E^N N$，则人均产出生产函数为：

$$\bar{q} = f(\bar{k}) = F(E^K K/E^N N, 1) \tag{4.12}$$

由式（4.3）可得：

$$r = F_K = E^K f'(\bar{k}) \tag{4.13}$$

$$w = F_N = E^N [f(\bar{k}) - \bar{k} f'(\bar{k})] \tag{4.14}$$

由于生产函数是一次齐次的，利用欧拉定理并将式（4.13）和式（4.14）代入，可以将替代弹性进一步表示为：

$$\sigma = \frac{F_K F_N}{F F_{KN}} = -\frac{f'(\bar{k})\left[f(\bar{k}) - \bar{k}f'(\bar{k})\right]}{\bar{k}f(\bar{k})f''(\bar{k})} \tag{4.15}$$

设单位有效工资率为 $\bar{w} = w/E^N$，代入式（4.14）并对两边关于 $\bar{w}$ 求导得：

$$\frac{d\bar{k}}{d\bar{q}}\frac{d\bar{q}}{d\bar{w}} = -\frac{1}{\bar{k}f''(\bar{k})} \tag{4.16}$$

由式（4.12）可得 $d\bar{k}/d\bar{q} = 1/f'(\bar{k})$，代入式（4.16）得：

$$\frac{d\bar{q}}{d\bar{w}} = -\frac{f'(\bar{k})}{\bar{k}f''(\bar{k})} \tag{4.17}$$

将式（4.12）、式（4.14）和式（4.17）代入式（4.15）可得：

$$\sigma = \frac{d\ln\bar{q}}{d\ln\bar{w}} = \frac{d\bar{q}}{d\bar{w}}\frac{\bar{w}}{\bar{q}} \tag{4.18}$$

假设人均产出 $q = Q/N = E^N\bar{q}$，将其代入式（4.18），两边取对数并关于时间 t 求导，进一步化简可得劳动技术进步的速率：

$$\frac{\dot{E}^N}{E^N} = \frac{\sigma\dot{w}/w - \dot{q}/q}{\sigma - 1}, \sigma \neq 1 \tag{4.19}$$

同理，设产出—资本比为 $v = Q/K$，采用相同的方法可得资本技术进步的速率：

$$\frac{\dot{E}^K}{E^K} = \frac{\sigma\dot{r}/r - \dot{v}/v}{\sigma - 1}, \sigma \neq 1 \tag{4.20}$$

从式（4.19）和式（4.20）可得，当利用非线性似不相关回归估算出要素替代弹性 σ 以后，将其代入上述两个公式，并结合不同年度的劳动工资变化率和资本利率变化率，就可以分别得到不同年度的劳动技术进步速率和资本技术进步速率。

4.2.4 各期技术进步偏向指数的测算方法

希克斯（1932）指出，技术进步的偏向性是指在资本—劳动比不变（K/N）条件下，资本—劳动边际产出比（F_K/F_N）的变化情况。戴蒙德（Diamond，1965）给出了技术进步偏向指数的方程为[14]：

$$D = \frac{F_{Kt}}{F_K} - \frac{F_{Nt}}{F_N} \tag{4.21}$$

其中，F_{Kt}/F_K 表示由技术进步引起的资本边际产量的增长率；F_{Nt}/F_N 表示技术进步引起的劳动边际产量的增长率。$D > 0$ 表示技术进步引起的资本边际产出的增长率大于劳动边际产出的增长率，即技术进步属于资本偏向型技术进步（或称为劳动节约型技术进步）。反之，$D < 0$ 表示技术进步引起的资本边际产出的增长率小于劳动边际产出的增长率，即技术进步属于劳动偏向型技术进步（或称为资本节约型技术进步）。

对式（4.3）两边取对数并关于时间 t 求导并进一步整理得：

$$\frac{\dot{F}_K}{F_K} - \frac{\dot{F}_N}{F_N} = \frac{\sigma - 1}{\sigma}\left(\frac{\dot{E}_t^K}{E_t^K} - \frac{\dot{E}_t^N}{E_t^N}\right) - \frac{1}{\sigma}\left(\frac{\dot{K}_t}{K_t} - \frac{\dot{N}_t}{N_t}\right) \tag{4.22}$$

由于资本—劳动投入比不变，可知式（4.22）等号右边的最后一项为 0，因此，技术进步偏向指数可以表示为：

$$D = \frac{F_{Kt}}{F_K} - \frac{F_{Lt}}{F_L} = \frac{\sigma - 1}{\sigma}\left(\frac{\dot{E}_t^K}{E_t^K} - \frac{\dot{E}_t^N}{E_t^N}\right) = \frac{\sigma - 1}{\sigma}(\gamma_K - \gamma_N) \tag{4.23}$$

从式（4.23）可知，根据资本—劳动替代弹性和要素技术进步速率可直接估计出各时期的技术进步偏向指数。技术进步究竟是偏向劳动还是资本，不仅要看资本技术进步速率和劳动技术进步速率的快慢，同时还需要考虑资本—劳动替代弹性与 1 的比较。当资本—劳动替代弹性大于 1 时，则当 $\gamma_K > \gamma_N$ 时，可得 $D > 0$，技术进步是偏向资本的，反之则是偏向劳动的。当资本—劳动替代弹性小于 1 时，则当 $\gamma_K < \gamma_N$ 时，可得 $D > 0$，技术进步是偏向资本的，反之是偏向劳动的。当资本—劳动替代弹性等于 1 时，不管资本技术进步速率和劳动技术进步速率呈怎样的关系，都无法判断技术进步的偏向，此时使用 C - D 生产函数无法对技术进步方向进行判断。

4.3　中国制造业技术进步偏向的演进特征分析

本节主要利用前面介绍的估算方法，首先考察制造业技术进步偏向情况；其次给出改革开放以来中国技术进步偏向的动态演进过程，并分析中国技术进步偏向的阶段性特征。

4.3.1　数据来源及变量说明

本书采用的数据主要来源于《中国统计年鉴》《中国劳动统计年鉴》《中国工业经济统计年鉴》，研究期间为 1980～2011 年。制造业的分类采用《国民经济行业分类标准》2002 版两位数行业代码，将制造业细分为 30 个行业，其中，工艺品及其他制造业、废弃资源和废旧材料回收加工业由于数据缺失较多，在实际研究中将它们剔除，因此，本书实际考察的制造业行业为 28 个。

本书涉及的变量包括：

（1）产出 Y，以行业增加值表示。其中 1980～2008 年的产出数据来源于陈诗一（2011）估算结果[①]。由于 2009～2011 年中国没有公布工业分行业增加值数据，因此按照各年度国民经济和社会发展公报统计的各行业工业值增长率对其进行了估算，且所有数据均用工业生产者出厂价格指数（1990 年 = 100）进行了平减。

（2）劳动力投入数量 N，即制造业分行业年平均就业人数。由于 1998 年

---

① 陈诗一. 中国工业分行业统计数据估算：1980—2008 [J]. 经济学（季刊），2011，(3)：735 - 775.

以后只统计了规模以上工业企业就业人员年平均人数，通过借鉴陈诗一（2011）的估算方法，根据各行业工业总产值比重将就业人数调整为全部工业口径，从而对 1998 ~ 2011 年制造业各行业年平均就业人数进行了估计。

（3）劳动者平均工资 w，即城镇单位各行业就业人员平均工资，由于 1989 年以前的数据缺失，本书用分行业就业人员年均增长率对其进行了估算，所有数据均用城镇居民消费价格指数（1990 年 = 100）进行了平减。

（4）资本存量 K。计算公式为：当年资本存量 = 当年可比价全部口径投资额 + （1 – 当年折旧率）× 上一年资本存量。其中，可比价投资额 = 当年价投资额/固定资产投资价格指数，当年价投资额选取城镇固定资产投资中的制造业分行业新增固定资产数据，并用固定资产价格指数进行平减。由于缺少制造业分行业的固定资产投资价格指数，用工业全行业固定资产价格指数进行代替。制造业分行业当年折旧率为当年折旧除以固定资产原值，当年折旧为当年累计折旧与上一年累计折旧之差，当年累计折旧为固定资产原值与固定资产净值之差。

（5）资本收益率 R，由资本收入除以资本存量确定。从会计的角度，劳动报酬以外的所有收入都视为资本收入，将前面估计的制造业分行业劳动年平均就业人数乘以劳动者平均工资，可以得到各行业劳动者总报酬，即资本收入 = 工业增加值 – 劳动者总报酬。进一步可得到制造业分行业的资本收益率。

4.3.2　中国制造业的技术进步偏向

根据初始值的设定，利用非线性似不相关回归（nlsur）估计方程组即式（4.8）~ 式（4.10）以及式（4.23），可估计出中国制造业在 1980 ~ 2011 年整个期间的资本—劳动替代弹性 σ、资本技术进步平均速率 γ_K、劳动技术进步平均速率 γ_N 和技术进步偏向指数 D，如表 4.1 所示。

表 4.1 中国制造业要素替代弹性、技术进步平均速率及
技术进步偏向指数测算值

时段	σ	γ_K	γ_N	D
1980 ~ 2011 年	0.3703 *** (0.0509)	0.0875 *** (0.0033)	0.1004 *** (0.0021)	0.0219

注：（1）＊＊＊表示在 1% 的显著性水平上显著；（2）括号内的值表示标准误差。

表 4.1 中的计算结果显示，1980 ~ 2011 年期间，中国制造业资本—劳动替代弹性为 0.3703，资本、劳动增强型技术进步的平均速率分别为 0.0875 和 0.1004，且估计值都在 1% 的水平上显著。由表 4.1 可知：（1）改革开放以来，中国制造业资本—劳动替代弹性 $0 < \sigma < 1$，说明资本和劳动之间具有互补关系，即技术进步促使资本产出效率和劳动生产效率同时提升，未来的发展可根据资本和劳动相对价格变化，朝着提高稀缺要素生产效率水平的方向发展，从制造业的现实情况看，主要应弥补创新投入和人力资本的不足。另外，$0 < \sigma < 1$ 还证明了以往研究中要素替代弹性为 1 的假定是不科学的，即利用 C-D 生产函数来研究中国制造业问题并不适合。因此，在研究过程中，应该选择一般形式的 CES 生产函数或者包含资本体现式技术进步的生产函数，这样更加符合中国工业发展的实际情况。（2）技术进步偏向指数大于 0（$D = 0.0219$），说明研究期间内中国制造业技术进步是资本偏向型的，技术进步使资本的边际产出提高的更多。这主要是由于，在工业化推进的过程中，中国的技术进步在很大程度上是依靠引进发达国家的机器设备，以较低的成本直接应用发达国家的技术，技术的引进和模仿使中国复制了发达国家的技术进步方向。（3）劳动增强型技术进步平均速率（$\gamma_N = 0.1004$）大于资本增进型技术进步平均速率（$\gamma_K = 0.0875$），说明劳动生产效率比资本产出效率提高得快。前面的分析已经得出，中国制造业技术进步的方向是偏向资本的，而这种资本偏向型的技术进步往往体现在机器、设备等资本品中，从而使资本的产出效率提高。将这些新的、更先进的机器设备和生产工艺投入生产，必然会使单位劳动的产出增加，从而提高劳动的生产效率。同时，劳动者受教育程度的迅速提高以及农村剩余劳动力不断向制造业转移，使劳动技术进步的平均速率高于资本技术进步的平均速率。

4.3.3 中国制造业技术进步偏向的演进特征

为了进一步考察整个研究期间中国制造业资本和劳动技术进步速率以及技术进步偏向的变动趋势，将上面计算的替代弹性 σ 代入式（4.19）和式（4.20），结合式（4.23），可得出各年度计算结果如表 4.2 所示。

表 4.2   1981～2011 年要素技术进步率和技术进步偏向

年份	γ_K	γ_N	D	γ
1981	0.0165	0.1055	0.1514	0.0890
1982	0.0069	0.0852	0.1331	0.0783
1983	− 0.0206	0.0127	0.0566	0.0333
1984	0.0645	− 0.0535	− 0.2005	− 0.1179
1985	0.0869	0.0030	− 0.1427	− 0.0839
1986	− 0.1081	0.0669	0.2976	0.1750
1987	− 0.0023	0.0224	0.0420	0.0247
1988	0.0001	− 0.0434	− 0.0740	− 0.0435
1989	− 0.0899	− 0.0689	0.0356	0.0209
1990	− 0.0235	− 0.0554	− 0.0543	− 0.0319
1991	0.0308	0.2910	0.4424	0.2601
1992	0.0724	− 0.1761	− 0.4226	− 0.2485
1993	0.2151	0.4812	0.4526	0.2661
1994	− 0.0381	− 0.0657	− 0.0470	− 0.0276
1995	− 0.1571	− 0.2456	− 0.1505	− 0.0885
1996	0.0245	0.2910	0.4532	0.2665
1997	0.0053	0.2355	0.3914	0.2301
1998	0.0482	0.1383	0.1532	0.0901
1999	0.0132	0.1424	0.2197	0.1292
2000	0.0554	0.1954	0.2380	0.1400
2001	0.0504	0.1465	0.1633	0.0960
2002	0.0923	0.1627	0.1197	0.0704
2003	0.1254	0.2059	0.1370	0.0806
2004	0.1531	0.2057	0.0895	0.0526
2005	0.0876	0.0480	− 0.0673	− 0.0396
2006	0.0793	0.1583	0.1342	0.0789
2007	0.0658	0.1448	0.1345	0.0791

年份	γ_K	γ_N	D	γ
2008	0.0081	−0.0029	−0.0187	−0.0110
2009	−0.1647	0.0910	0.4348	0.2557
2010	−0.0008	0.0573	0.0988	0.0581
2011	−0.0544	0.2014	0.4350	0.2558

资料来源：作者计算整理。

由表4.2中的计算结果可以清楚地看出，1996年是中国制造业技术进步演进特征发生变化的转折点：（1）1996年以前，各年度劳动技术进步速率γ_N和资本技术进步速率γ_K的符号正负相间，两者之差γ以及技术进步偏向D也没有一致性的规律可循，表明1980~1995年中国制造业劳动生产效率和资本产出效率并未实现明显提升，同时技术进步也没有明显的要素偏向。这与当时中国所处的经济发展阶段相一致。改革开放初期，中国工业技术水平较低，按照霍夫曼工业结构的演进规律，当时正处于工业化初期向中期过渡阶段，资本积累的速度还没有明显优势。同时，家庭联产承包责任制以及私营经济经营许可的逐步放开，一定程度上提高了劳动的生产效率，工业的发展同时依靠资本和劳动的共同拉动，导致这一阶段的两类要素的技术进步速率正负相间，从而技术进步偏向也没有明显的偏向性。（2）从1996年开始，上述所有指标各年度测算值几乎均大于0，凸显出中国制造业技术进步方式发生了根本的转变。技术进步偏向指数D几乎在所有年份均大于0，说明这一时期中国制造业呈现出明显的资本偏向型技术进步特征，即技术进步更有利于提高资本的边际产出。可能的解释是：依据霍夫曼工业结构的演进规律，这一时期中国已经处于工业化中后期，资本资料的生产比重已经占有绝对优势，资本密集型和技术密集型产品增加。在新的机器设备的使用、劳动者受教育程度的提高以及城市化的不断推进等方面的共同作用下，资本产出效率和劳动生产效率都有很大提高，资本深化程度的不断加深使中国技术进步偏向资本。

进一步观察可以发现，1996~2011年中国制造业劳动技术进步速率表现为波动性的平稳状态，到2011年回升至20%的水平。而资本技术进步速率则在1996~2004年明显上扬，但从2004年开始呈现快速回落，并在2009年和

2011 年呈现出明显的负增长现象，表明中国制造业的发展长期依靠投资拉动的动力已经不足，在资本边际报酬递减规律的作用下，资本边际产出已呈现疲态（见图 4.1 和图 4.2）。

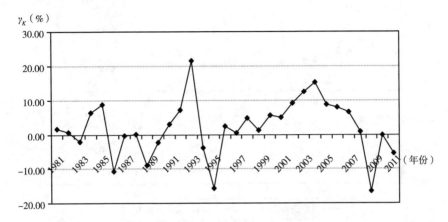

图 4.1 1980 ~ 2011 年中国制造业资本技术进步速率变动情况

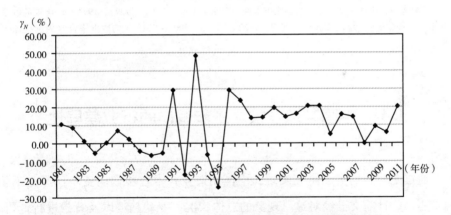

图 4.2 1980 ~ 2011 年中国制造业劳动技术进步速率变动情况

根据表 4.2 中关于制造业各年度技术进步方向指数的测算，还可以对改革开放以来中国劳动收入份额的变化进行解释。图 4.3 是研究期间内各年度制造业整体的技术进步方向指数与中国劳动收入份额的动态变化过程对照图，可以看出，中国劳动收入份额与技术进步的资本偏向存在明显的负相关关系。自 1996 年以来中国技术进步开始偏向资本，而劳动收入份额也基本上从此时开始呈不断下降的趋势，即便是在 1981 ~ 1995 年间技术进步的资本偏向和劳动收入份额也有明显的负相关关系，进一步说明技术进步方向是影响要素收入份额的重要因素。

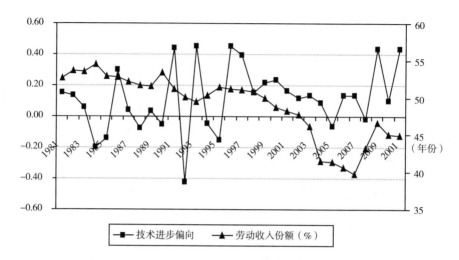

图4.3 1981~2011年制造业技术进步偏向与劳动收入份额

资料来源：1981~1992年的劳动收入份额数据来自 Hsueh & Li（1999），1993~2004年的数据来自《中国国内生产总值核算历史资料：1952－2004》，2005~2011年的数据来自《中国统计年鉴》。

4.4　中国制造业技术进步偏向的行业差异性

通过上一节的实证研究发现，中国制造业技术进步偏向资本已经是不争的事实，并且前文已经对这一现象的总体状况、变动趋势以及背景进行分析。接下来，我们将考察制造业分行业技术进步方向，以便为下一章对技术进步进行重新测算提供证据。同时，本节还将分析制造业分行业的技术进步偏向的差异性，这对于深刻把握将来制造业各行业技术进步的发展方向尤为重要。

4.4.1　制造业分行业的技术进步偏向

运用式（4.8）~式（4.10）以及式（4.23），分别对中国制造业28个行业在 1980 ~ 2011 年间的资本—劳动替代弹性 σ、资本技术进步平均速率 γ_K、劳动技术进步平均速率 γ_N 以及技术进步偏向指数 D 进行测算，计算结果见表 4.3，其中绝大多数结果达到了 1% 的显著性水平。

表 4.3　　　　　　制造业分行业替代弹性、技术进步率和技术偏向

行业	σ	γ_K	γ_N	D
农副食品加工	0.2051 *** (0.243)	0.0875 *** (0.004)	0.1004 *** (0.004)	0.0499
食品制造	0.1947 *** (0.338)	0.0387 *** (0.004)	0.0988 *** (0.005)	0.2486
饮料制造	0.2213 *** (0.347)	0.0303 *** (0.006)	0.1166 *** (0.005)	0.3037
烟草制品	0.4913 *** (0.161)	0.0380 *** (0.024)	0.1131 *** (0.017)	0.0777
纺织业	0.2311 *** (0.295)	0.1297 *** (0.006)	0.0645 *** (0.006)	− 0.2172
纺织服装、鞋、帽制造业	0.4756 *** (0.369)	0.0282 ** (0.052)	0.0739 *** (0.008)	0.0505
皮羽制造	0.2502 *** (0.257)	0.1177 *** (0.007)	0.0824 *** (0.003)	− 0.1058
木材加工	0.3075 *** (0.289)	0.0444 *** (0.010)	0.0703 *** (0.010)	0.0581
家具制造	0.3958 *** (0.322)	0.0614 *** (0.025)	0.0959 *** (0.008)	0.0527
造纸及纸制品	0.2265 *** (0.334)	0.0886 *** (0.005)	0.0715 *** (0.006)	− 0.0583
印刷业和记录媒介的复制	0.2089 *** (0.353)	0.0220 *** (0.005)	0.0721 *** (0.005)	0.1895
文教体育用品制造	0.2552 *** (0.237)	0.0199 *** (0.007)	0.0805 *** (0.003)	0.1769
石油加工、炼焦及核燃料加工	0.8471 *** (0.043)	0.0535 *** (0.138)	0.0780 * (0.072)	0.0044
化学原料及化学制品制造	0.2456 *** (0.304)	0.0322 *** (0.007)	0.0720 *** (0.006)	0.1222
医药制造	0.1703 *** (0.336)	0.0284 *** (0.003)	0.1218 *** (0.004)	0.4552

续表

行业	σ	γ_K	γ_N	D
化学纤维制造	0.2175 *** (0.204)	0.0570 *** (0.004)	0.1191 *** (0.005)	0.2234
橡胶制品	0.1817 *** (0.312)	0.0105 *** (0.003)	0.0675 *** (0.004)	0.2566
塑料制品	0.2481 *** (0.346)	0.0474 *** (0.004)	0.1011 *** (0.008)	0.1626
非金属矿物制品	0.2624 *** (0.358)	0.0264 *** (0.007)	0.0678 *** (0.009)	0.1165
黑色金属冶炼及压延加工	0.2782 *** (0.282)	0.0464 *** (0.008)	0.0857 *** (0.008)	0.1019
有色金属冶炼及压延加工	0.2463 *** (0.227)	0.0438 *** (0.005)	0.0757 *** (0.007)	0.0975
金属制品	0.3004 *** (0.361)	0.0505 *** (0.012)	0.0774 *** (0.006)	0.0627
通用设备制造	0.2302 *** (0.181)	0.0544 *** (0.003)	0.0966 *** (0.004)	0.1410
专用设备制造	0.2227 *** (0.230)	0.0457 *** (0.004)	0.0970 *** (0.005)	0.1791
交通运输设备制造	0.2102 *** (0.182)	0.0653 *** (0.003)	0.1415 *** (0.003)	0.2861
电气机械及器材制造	0.2107 *** (0.217)	0.0466 *** (0.004)	0.1033 *** (0.004)	0.2124
通信设备制造	0.2910 *** (0.118)	0.1217 *** (0.004)	0.1870 *** (0.006)	0.1592
仪器仪表文化办公用机械制造	0.2782 *** (0.181)	0.0794 *** (0.005)	0.1143 *** (0.006)	0.0905

注：（1）＊＊＊、＊＊、＊分别表示在1%、5%、10%的显著性水平上显著；（2）括号内表示标准误差。

由表4.3可以看出，在研究期间内制造业所有行业的要素替代弹性都大于0且小于1，说明资本与劳动之间具有互补性。资本技术进步速率和劳动技术进步速率均大于0，反映出各行业的资本产出效率和劳动生产效率呈现同步提升的趋向。除纺织业、皮革、毛皮、羽毛（绒）及其制品业以及造纸及纸制品业技术进步偏向劳动外，其他行业均是资本偏向型技术进步。这与本书前述的制造业总体特征基本保持一致。在此基础上劳动密集型行业、资本密集型行业和技术密集型行业又呈现出不同特点。

4.4.2 技术进步偏向的行业差异性

4.4.2.1 资本—劳动替代弹性的行业差异性

（1）劳动密集型行业的资本—劳动替代弹性的分布高度分散于最大值和最小值之间，分化现象比较明显。其中烟草制品业、纺织服装、鞋、帽制造业、家具制造业、木材加工及木、竹、藤、棕、草制品业的资本—劳动替代弹性较高，因此互补性较弱；而印刷业和记录媒介的复制、农副食品加工业、食品制造业和橡胶制品业资本—劳动替代弹性较低，表明这些行业互补性较强；另外文教体育用品制造业、皮革、毛皮、羽毛（绒）及其制品业、塑料制品业、纺织业、造纸及纸制品业和饮料制造业处于中间状态。

（2）资本密集型行业的资本—劳动替代弹性普遍较高。其中石油加工、炼焦及核燃料加工业、金属制品业、仪器仪表及文化、办公用机械制造业、黑色金属冶炼及压延加工业和非金属矿物制品业的 σ 值都高于 0.25，石油加工、炼焦及核燃料加工业更是高达 0.85，说明这些行业资本和劳动的互补性较弱；而有色金属冶炼及压延加工业、通用设备制造业、专用设备制造业三个行业的 σ 值处于 0.22 ~ 0.25 之间，在全行业位于中间位置。总体上看该类行业中没有互补性很强的行业。

（3）技术密集型行业的资本—劳动替代弹性普遍较低。除通用设备、计算机及其他电子设备资本—劳动替代弹性较高以外，其他行业资本—劳动替代弹性都较低，互补性较强，其中医药制造业替代弹性仅为 0.17，是所有制造业中替代弹性最低的行业。因此，技术密集型行业资本和劳动互补性较强。

4.4.2.2 技术进步偏向指数的行业差异性

（1）劳动密集型行业技术进步偏向指数分布在最大值和最小值两端。其中饮料制造业、橡胶制品业、食品制造业、印刷和记录媒介的复制业、文教体育用品制造业和塑料制品业技术进步偏向指数较高（0.15以上），说明技术进步导致这些行业资本—劳动边际产出比年均上升15%以上；其他劳动密集型行业的技术进步偏向指数较低（低于0.10），其中纺织业、皮革、毛皮、羽毛（绒）及其制品业和造纸及纸制品业技术进步偏向指数小于0，说明技术进步导致这三个行业资本—劳动边际产出比下降，技术进步偏向劳动使用。因此，劳动密集型各行业技术进步方向不一致，资本—劳动边际产出比增长幅度比较分散。

（2）资本密集型行业技术进步偏向指数大多位于中间位置。其中专用设备制造业、通用设备制造业、非金属矿物制品业、黑色金属冶炼及压延加工业的技术进步偏向指数在0.10以上，有色金属冶炼及压延加工业、仪器仪表及文化及办公用机械制造业、金属制品业的 D 处于 $0.05 \sim 0.10$ 之间，石油加工、炼焦及核燃料加工业的技术进步偏向指数接近0，为0.0044。因此，资本密集型行业技术进步虽然具有明显的资本偏向性，但技术进步使资本—劳动边际产出比年均上升幅度较少。

（3）技术密集型行业技术进步偏向指数都处于较高水平。其中，医药制造业、交通运输设备制造业、化学纤维制造业和电气机械及器材制造业的技术进步偏向指数都在0.20以上，医药制造业更是所有制造业行业中技术进步偏向指数最高的行业为0.455，该指数表示技术进步使资本—劳动边际产出比年均增长45.5%；通信设备制造业、化学原料及化学制品制造业的 D 也在0.10以上。因此，技术密集型行业技术进步具有明显的资本偏向性，技术进步引起的资本—劳动边际产出比上升幅度较大。

4.5 本 章 小 结

本章采用标准化供给面系统法，通过联立标准化的CES生产函数和要素需求函数，对中国制造业的技术进步偏向及其演进特征进行了研究，并考察了制造业分行业技术进步偏向的差异性。本章可以分为两部分。

首先，利用标准化系统法对 1980～2011 年间中国制造业的资本—劳动替代弹性、资本和劳动技术进步速率以及技术进步偏向指数进行了测算，并在萨托和莫里塔（Sato and Morita，2009）关于要素技术进步速率测算方法的基础上，构建了各年度技术进步方向的测算模型，考察了改革开放以来中国技术进步偏向的演进趋势和阶段性特征。研究结果表明：（1）在研究期间内，中国制造业要素替代弹性大于 0 小于 1，说明资本和劳动之间呈互补关系，从而证明了现有研究中以技术进步为中性的假定是错误的；资本和劳动技术进步平均速率都大于 0，且劳动技术进步平均速率高于资本技术进步平均速率，说明制造业的资本和劳动的生产效率都不断提高，劳动生产效率比资本产出效率增长更快。（2）从技术进步偏向的演进趋势来看，1996 年是中国制造业技术进步方式发生根本变化的转折点。1996 年以前，各年度资本和劳动的技术进步速率的符号正负相间，且技术进步偏向指数也没有一致性的规律可循，说明技术进步没有明显的偏向性。1996 年以后，各年度的资本和劳动技术进步速率几乎都大于 0，技术进步呈现出明显的资本偏向性。（3）通过对比各年度制造业整体的技术进步方向指数与中国劳动收入份额的动态变化过程，可以发现，中国劳动收入份额与技术进步的资本偏向存在明显的负相关关系，说明技术进步偏向资本是中国劳动收入份额不断下降的重要原因，从而为技术进步偏向和劳动收入份额之间的关系提供了解释。

其次，利用 1980～2011 年制造业分行业数据，考察了制造业各行业资本—劳动替代弹性和技术进步偏向情况，并对资本密集型、劳动密集型和技术密集型行业的特征进行分析。结果表明：（1）研究期间，除纺织业、皮羽制造业以及造纸及纸制品业技术进步是劳动偏向型以外，其他行业的资本—劳动替代弹性都处于 0～1 之间，资本和劳动技术进步速率都大于 0，这与制造业技术进步演进的总体特征保持高度一致。（2）从要素替代弹性看，劳动密集型、资本密集型和技术密集型行业的资本和劳动都具有互补关系，但在程度上已表现出各自的差异性。其中，劳动密集型行业要素替代弹性的异质性最为明显，资本密集型行业的要素替代弹性较高从而互补性较弱，技术密集型行业资本和劳动互补性最强，是制造业发展方式转变和产业结构升级的中坚力量。（3）从技术进步偏向指数来看，劳动密集型行业的技术进步偏向不一致，但是除少数行业外，其大多数行业都是偏向资本的；资本密集型行业技术进步具有明显的资本偏向型，但由于其技术进步偏向指数处于中间位置，使资本—劳动边际产出比年均上升幅度较小；技术密集型行业明显偏向资本，且技术进步偏向指数最高，说明技术进步使资本—劳动边际产出比上升幅度较大。

从上面的结论可以看出，当前，中国制造业的技术进步面临着创新驱动变革的严峻挑战。1996 年以来，中国制造业劳动生产效率提升速度快于资本产出效率的趋势开始显现，特别是 2004 年以来资本边际产出递减的趋势已非常明显。根据发达国家经济的发展轨迹，以及中国制造业资本—劳动边际产出比上升幅度不断下降的现实，可以判断那种主要依赖于外国直接投资、国外技术和设备引进以及追求模仿效应所引起的技术进步，虽然在早期对推动中国制造业的发展起到很大的作用，但随着中国技术水平的不断提高，技术引进、模仿的空间将逐渐变窄，当前已逐渐进入瓶颈期，已不足以支撑中国制造业现阶段转型升级的国家需求，以创新为导向的路径突破已经成为获取新的技术进步动力的必然选择。

进一步，根据本章的研究可知，中国制造业及其细分行业的技术进步并非是中性的，而是具有明显的要素偏向性，证明了传统以技术进步中性为假定的技术进步测算方法是错误的，其结果必然会低估技术进步对经济增长的贡献。除了中性技术进步以外，技术进步还通过与设备资本投资相融合的方式，通过提高设备资本的质量作用于经济增长。因此，本章的结论为下文重新对技术进步进行测算提供了佐证。

第 5 章
中国制造业资本体现式技术进步的
估算及行业差异性分析

上一章通过构建理论和实证模型，详细考察了中国制造业技术进步的方向，发现中国制造业的技术进步是有偏的，从而证明了以技术进步为中性的传统技术进步核算方法，无法准确地对技术进步进行核算。因此，本章将在前文分析的基础上，结合已有研究，重新对制造业分行业技术进步进行核算，并重点考察资本体现式技术进步对经济增长的贡献及其行业差异性，以期探索在制造业转型升级过程中不同行业技术升级的路径。

5.1 概　　述

近些年以来，经济增长方式的转变一直是中国宏观经济政策关注的重要内容，2014 年 12 月的中央经济工作会议更是提出了中国经济发展进入"新常态"，经济发展方式转变已经刻不容缓①。改革开放特别是 20 世纪 90 年代以来，中国通过不断学习发达国家先进的技术和管理经验，利用进出口贸易和 FDI 的技术溢出效应，通过技术引进、吸收和再创新，不断提高技术水平，并

---

① 具体可参见 2014 年的中央经济工作会议（全文）。

使经济保持平稳较快增长。但是，在经济高速增长、知识不断积累以及资本投入不断提高的同时，技术进步对经济增长的贡献却呈现出不断下降的趋势，这引起了学者们的普遍关注。大量研究认为，中国的高增长主要是依靠要素投入特别是资本的高投入实现的，技术进步贡献率较低且呈现出不断下降的趋势。这种投资驱动型增长方式往往是粗放型的、不可持续的，伴随着物质资本的大量消耗，给环境和资源带来巨大压力（李德水，2005），因此，急需从规模速度型的粗放增长转向质量效率型的集约增长。同时，国内有些研究甚至还提出中国高投入式增长方式的结果必然是技术进步速率偏低的论断（金碚，2005；卫兴华和侯为民，2007）。

笔者认为，导致学者们认为技术进步贡献率不断下降且使技术进步速率偏低的原因，可以从以下两个方面来解释。

首先，对体现式技术进步的概念缺乏一致的理解。索洛（1960）最早提出了资本体现式技术进步的概念，他认为技术进步可以采取不同的形式，包括非体现式的技术进步和与资本相融合的体现式技术进步。非体现式技术进步指技术进步没有体现在新生产出来的资本品上，体现式技术进步是指技术进步体现在新生产的物质资本上，使不同时期的资本非同质。易纲和樊纲等（2003）指出，中国作为新兴经济体技术进步的机制有其特殊性，主要通过从发达国家引进技术设备等方式实现，技术进步通常融合在设备资本投入中。因此，在经济增长核算中，如果没有认识到体现式技术进步的作用，不能有效地对其进行衡量，往往会产生技术进步速率偏低等错误的观点。白重恩（2006）和中国经济研究中心（2006）通过对中国1978～2005年间资本回报率进行估算，发现改革开放以来中国资本回报率明显高于大多数发达国家，也高于很多新兴经济体，并指出，如果这其中没有包含大量技术进步，则根本不可能出现这种现象。同时，很多学者利用中国吸引外资的数据也证明了上述观点（易纲，2003；林毅夫，2007），从而进一步说明中国的技术进步率并非处于较低水平。

其次，传统的技术进步估算方法存在缺陷。传统估计技术进步的方法往往假定技术进步与要素积累相独立，隐含着要素替代弹性为1的假定，通过索洛余值法将不能由要素投入解释的部分都归为全要素生产率的贡献，其测算的全要素生产率只包括中性技术进步。因为这种方法没有考虑融合在设备资本中的体现式技术进步，其测算的结果必然会低估技术进步的作用，导致很多研究错误地得出中国技术进步贡献较低且不断下降的观点。在实际经济运行中，技术进步并非完全以独立的形式提高要素质量和配置效率，而是常常依附在资本品或者劳动投入中，且并非以同等的比例提高要素的质量，从而导致技术进步有偏。因此，传统测算技术进步的方法存在较明显的局限性。

综上所述，在当前中国经济进入"新常态"背景下，如何有效地测算出制造业技术进步对经济增长的作用，对于实现制造业结构调整和转型升级尤为重要。为了更好地衡量技术进步对中国经济增长的贡献，必须对不同时期的资本投入品的质量进行区分，对融合在设备资本中的体现式技术进步进行测算。基于以上分析，本书在已有研究的基础上，将资本分为建筑资本和设备资本，通过构建制造业及其细分行业的资本质量指数对设备资本进行调整，并考虑资本品投资的即期服务效率和资本形成率，就中国制造业分行业资本体现式技术进步对经济增长的贡献进行测算，并分析制造业各行业技术进步的差异性，进而探寻各行业技术升级的路径。

本章的剩余内容安排如下：第5.2节是模型方法的设定和数据说明。首先，将资本分为建筑资本和设备资本，并考虑资本的即期服务效率，构造本书估计的计量经济模型；其次，介绍资本质量指数、建筑资本和设备资本的估算方法；最后，对估计资本体现式技术进步所使用的相关变量进行说明。第5.3节是实证研究部分。首先，估算出制造业资本质量指数，并在考虑资本即期服务效率和形成率的基础上，利用回归估计方法得到质量调整前后中性技术进步的贡献；其次，估算出资本体现式技术进步对经济增长的贡献。第5.4节是利用上述相同的方法，分别对制造业各行业资本体现式技术进步进行估算，并分析不同行业间的差异性，探寻不同行业技术升级的路径。第5.5节是结论部分。

5.2　模型设定、估算方法及数据说明

前面章节的测算已经证实，中国制造业技术进步是有偏的，说明传统只测算中性技术进步的增长核算方法存在缺陷。在放宽技术进步假定的基础上，通过分析中国技术进步方式的特殊性，发现资本体现式技术进步在中国经济增长中具有重要作用。因此，为了更加全面地衡量技术进步的作用，本章在借鉴格林伍德等（1997）理论模型的基础上，通过建立新的包含资本体现式技术进步的生产函数，重新衡量技术进步对制造业产出增长的贡献。

5.2.1　估计模型设定

将资本分为建筑资本和设备资本，为了考察建筑资本和设备资本对经济增长的贡献，我们设定如下的总产出方程：

$$Y_t = A_t K_{s,t}^{\alpha_1} K_{e,t}^{\alpha_2} L_t^{1-\alpha_1-\alpha_2} \tag{5.1}$$

其中，Y_t 表示总产出；$K_{s,t}$ 和 $K_{e,t}$ 分别表示建筑资本和设备资本；L_t 表示劳动投入；A_t 表示中性技术进步。

将式（5.1）两边分别除以劳动 L_t，并对两边同时取对数，可以得到如下线性方程：

$$\ln y_t = \ln A_t + \alpha_1 k_{s,t} + \alpha_2 k_{e,t} \tag{5.2}$$

其中，$k_{s,t}$ 和 $k_{e,t}$ 分别表示人均建筑资本和人均设备资本。由于存在资本闲置等问题，资本存量并非在每一期生产中都投入使用，因此，在考虑当期生产过程的同时，还需要考虑存量资本的即期服务效率。但是，目前学术界对于即期服务效率的测算还存在很大的争议，在这里我们采用彼得罗普洛斯（Petropoulos，1999）和萨克拉里斯等（Sakellaris et al.，2000）的方法，采用能源使用效率（eg_t）近似衡量资本服务效率。则建筑资本和设备资本利用率的公式可以表示为：

$$B_{s,t} = (eg_t/k_{s,t})^\lambda, B_{e,t} = (eg_t/k_{e,t})^\lambda \tag{5.3}$$

将式（5.3）代入式（5.2）并进行整理，就可以得到本书估计模型：

$$\ln y_t = \ln A_t + \beta_1 k_{s,t} + \beta_2 k_{e,t} + \beta_3 \ln eg_t \tag{5.4}$$

其中，$\beta_1 = \alpha_1(1-\lambda)$，$\beta_2 = \alpha_2(1-\lambda)$，$\beta_3 = \lambda(\alpha_1 + \alpha_2)$。

因此，根据式（5.2）和式（5.4）就可以对模型进行估计。索洛余值法将产出增长率分为劳动、建筑资本、设备资本的贡献以及中性技术进步和资本体现式技术进步的贡献五部分。要想估计出资本体现式技术进步的贡献，需要对没有经过质量调整和经过质量调整的设备资本所构成的方程分别进行估计。其中，未经过质量调整的方程所估算的技术进步（TFP）与传统模型的结果一样，资本体现式技术进步作为"剩余部分"包含在技术进步中，而经过质量调整的方程中估算的技术进步（TFP）只包含中性技术进步。

具体估计过程如下：首先，采用最小二乘法分别确定未经过质量调整和经过质量调整的建筑资本和设备资本的弹性系数；其次，根据规模报酬不变的假设，可以分别得到劳动投入的弹性系数，进一步可以求出中性技术进步的贡献；最后，根据未经过质量调整技术进步和经过质量调整估算的技术进步对经济增长的贡献之差，即可得到资本体现式技术进步的贡献。

5.2.2 估计方法

5.2.2.1 资本质量指数的估算方法

为了能够有效地衡量资本体现式技术进步，本章将资本品分为建筑资本和设备资本，假定两者具有不同生产率，存在着一类基准的资本品 i_t，其生产率最低，建筑资本品和设备资本品相对于基准资本品的生产率 $A_{s,t}$ 和 $A_{e,t}$。根据费希尔（Fisher，1965）的观点，资本品内在技术的差异可以用资本品数量的多少来衡量，则建筑资本和设备资本品的生产可以表示如下：

$$\Delta k_{s,t} = A_{s,t} i_t, \Delta k_{e,t} = A_{e,t} i_t \tag{5.5}$$

可见，如果生产建筑资本和设备资本的技术满足线性条件，则 $A_{s,t}$ 和 $A_{e,t}$ 可以表示生产这两种资本的技术，且这种技术是资本体现式的技术，表示资本质量的提高。设建筑资本和设备资本的价格分别为 $P_{s,t}$ 和 $P_{e,t}$，那么根据市场均衡的条件则有：

$$P_{s,t}\Delta k_{s,t} = P_{e,t}\Delta k_{e,t} \tag{5.6}$$

联立式（5.5）和式（5.6）可得：

$$\Delta k_{e,t} = \frac{A_{e,t}}{A_{s,t}}\Delta k_{s,t} = q_t\Delta k_{s,t} = \frac{P_{s,t}}{P_{e,t}}\Delta k_{s,t} \tag{5.7}$$

从而，设备资本品相对于建筑资本品的技术水平即资本质量指数 q_t，可以用建筑资本和设备资本价格比值来衡量。

由于中国并没有公布资本质量指数，因此，我们需要对其进行估算。为了测度美国经济中的资本体现式技术进步，戈登（1990）使用 Hedonic Price 方法直接估算出了资本质量指数（赵志耘等，2007），但这种估算方法对数据的要求较高，需要分行业的机械设备，包括商业飞机、汽车、计算机、压缩机和发电机等，并且要求各类设备的性能以及质量属性变化的数据，中国的统计数据没有提供这些详细的资料。宋冬林等（2011）在考虑中国数据可得性的基础上，将不同类型的资本相对价格指数作为替代指标，从而衡量与设备相融合的技术进步。具体来说，假定建筑资本的质量不变，通过选取机械设备资本中技术进步最快的通信和电子产品，并对比通信设备、计算机及其他电子设备工业品的出厂价格指数和建筑材料工业品出厂价格指数（1980年为基期），发现通信和电子等设备资本品相对于建筑资本品的价格下降来源于技术进步，两者价格指数的比值能够反映出设备资本质量变动的特征，完全可以覆盖蕴含在设备投资过程中的资本体现式技术进步。

本书借鉴宋冬林等的研究思路，采用分类资产价格比值构建资本质量指数。但由于本书研究对象为制造业分行业，为了体现各行业资本体现式技术进步的差异，无法简单通过建筑资本品的出厂价格指数与设备品价格指数的比值构建资本质量指数。赵志耘等（2007）指出，由于生产建筑投资品的技术水平相对比较固定，因而设备投资品的技术进步率几乎可以代表整个经济的技术进步率水平。如果将建筑投资品的技术进步率与国民经济其他部门技术进步率视作一致，那么也可以通过比较设备投资品价格与其他物品的价格来计算设备体现的技术进步率。因此，本书采用工业行业分工业生产者出厂价格指数和设备投资品价格指数的比值来表示制造业各细分行业的资本质量指数。其中，设备投资品价格指数用机械工业品中具有较高投资价值且质量发生明显变化的四类工业品进行加权平均构成，这四类行业是通信设备、计算机及其他电子设备、专用设备、电气机械及器材、仪器仪表及文化办公机械，权重为各行业增加值占四类行业总体工业增加值的比重。

5.2.2.2 建筑资本 $K_{s,t}$ 和设备资本存量 $K_{e,t}$

当前，现有研究经济增长的文献基本上都是选择采用永续盘存法对资本存量进行估计，因此，本书也按照这种方法进行研究，其估算方程为：

$$K_t = K_{t-1}(1 - \delta) + I_t$$

其中，δ 为资本折旧率。

为了考察资本体现式技术进步对经济增长的贡献，借鉴赵志耘（2007）的做法，假定建筑资本的质量保持不变，非同期的设备资本质量不同，即不同时期设备资本所包含的技术含量是不同的。因此，为了更好地衡量设备资本存量，上式可变为：

$$K_{e,t} = K_{e,t-1}(1 - \delta_e) + q_t I_{e,t} \tag{5.8}$$

进一步，由于固定资产投资在其形成过程中会有一定的损耗，因此，对建筑资本和设备资本在采用永续盘存法进行分析的过程中，需要考虑资本形成率，则有：

$$K'_{s,t} = K'_{s,t-1}(1 - \delta_s) + \sigma I_{s,t} \tag{5.9}$$

$$K'_{e,t} = K'_{e,t-1}(1 - \delta_e) + \sigma q_t I_{e,t} \tag{5.10}$$

其中，σ 表示资本形成率，一般将其取值为 0.95，表示在资本形成过程中存在 5% 的损耗；$K'_{s,t}$ 和 $K'_{e,t}$ 分别表示考虑资本形成率的建筑资本存量和设备资本存量。

5.2.3 数据来源及变量说明

5.2.3.1 数据来源

本章着重考察制造业及其分行业资本体现式技术对经济增长的贡献，其测度所采用的数据主要来源于《中国统计年鉴》《中国劳动统计年鉴》《中国城市（镇）生活与价格年鉴》《中国工业经济统计年鉴》，研究期间为 1990 ～ 2012 年。同前文一致，制造业的分类采用《国民经济行业分类标准》2002 版两位数行业代码，将制造业细分为 30 个行业，由于工艺品及其他制造业、废弃资源和废旧材料回收加工业这两个行业数据缺失较多，本书将这两个行业剔除。同时，由于在构建分行业设备资本质量指数的过程中，使用通信设备、计算机及其他电子设备、专用设备、电气机械及器材、仪器仪表及文化办公机械四类行业价格指数进行加权平均，从而再考察这四个行业资本质量指数以及资本体现式技术进步也没有意义，因此，本章实际考察的制造业行业为 24 个。

5.2.3.2 相关变量说明

本章的研究所涉及的主要变量包括：

1. 产出 Y，以行业增加值表示。其中 1990 ～ 2008 年的产出数据来源于陈诗一（2011）估算结果。由于 2009 ～ 2012 年中国没有公布工业分行业增加值数据，因此，按照各年度国民经济和社会发展公报统计的各行业工业值增长率对其进行了估算，且所有数据均用工业生产者出厂价格指数（1990 年 = 100）进行了平减。

2. 资本质量指数 q_t。采用工业分行业生产者价格指数和设备投资品价格指数的比值来近似衡量，所有数据均以 1990 年为基期。数据主要来源于《中国城市（镇）生活与价格年鉴》和《中国统计年鉴》。

3. 建筑资本 $K_{s,t}$ 和设备资本 $K_{e,t}$。

（1）新增固定资产投资 $I_{s,t}$ 和 $I_{e,t}$。由于从 2004 年开始中国才公布制造业

分行业的建筑资本和设备资本投资的数据，同时从 2012 年起国家统计局执行
新的国民经济行业分类标准（2011 版），因此，2012 年的制造业行业分类与
2011 年以前有所不同，将交通运输设备制造业划分为汽车制造业和铁路、船
舶、航空航天和其他，并把塑料制品业和橡胶制品业合在一起。为了保持数
据的一致性，本书将汽车制造业以及铁路、航空、航天和其他两类行业进行
加总得到交通运输设备制造业的投资，并按照 2011 年塑料制品业和橡胶制品
业建筑资本和设备资本的比例对 2012 年进行划分。而 1990～2004 年的数据，
本书按照陈诗一（2009）和黄先海等（2006）的方法，根据基本投资和更新
改造投资中制造业各行业所占比重，对基本建设投资和更新改造投资中的建
筑安装工程和设备工器具投资进行划分。

（2）初始建筑资本存量 $K_{s,0}$ 和设备资本存量 $K_{e,0}$。黄勇峰（2002）测度了
制造业 14 个大类行业 1978～1995 年建筑资本和设备资本存量，并按照 1985
年的价格指数进行了平减。本书初始建筑资本和设备资本存量数据取自其
1990 年的数据，并进行了以下处理：为了保持数据的一致性，按照黄勇峰的
方法，将建筑资本用建筑材料工业品出厂价格指数，设备资本用工业品出厂
价格指数进行调整，将 1985 年的不变价分别调整为 1990 年的不变价。并根
据前面估算的工业分行业增加值的比重，对 14 个大类行业的资本存量进行划
分，从而得到细分行业的建筑资本存量和设备资本存量。其中，1980～1990
年的工业品出厂价格指数来源于《新中国 60 年统计资料汇编》。由于黄勇峰[1]
的估算中没有统计文教体育用品制造业、石油加工及炼焦业、医药制造业、
化学纤维制造业等行业的数据，因此，我们无法根据工业增加值进行调整，
本书选择采用杨格（Young，2000）的结论将计算出的 1990 年建筑资本和设
备资本投资的 10 倍，作为这四个行业 1990 年的资本存量[2]。

（3）资本折旧率 δ_s 和 δ_e。借鉴黄勇峰（2002）的观点，将固定资本分为
建筑资本和设备资本两部分，按照法定残差率 3%～5%，分别取建筑资本和

---

[1] 黄勇峰，任若恩，刘晓生. 中国制造业资本存量永续盘存法估计 [J]. 经济学（季刊），2002，
(1)：377 - 396.

[2] 黄先海（2008）指出在选择的研究区间比较长的前提下，资本存量初始值的大小差异的作用
将逐渐变得不显著，因此我们这样处理是相对合理的。

设备资本的折旧年限为40年和16年，采用几何衰减法可估算出建筑资本和设备资本的折旧率分别为8%和17%。

4. 能源消费总量 eg_t。用工业分行业能源消费表示，并全部折算成万吨单位标准煤。由于在1993年以前，制造业的行业划分较为粗糙，本书按照插值法将缺失行业的相关数据进行补充。同时，由于2012年行业划分的不同，将2012年分行业的能源消费总量按照新增固定资产投资部分进行调整。

5. 劳动力投入数量 L。用全部制造业分行业年平均就业人数表示。1990～2011年的数据同前文一致，即1990～2008年的数据来源于陈诗一（2009）估算的分行业劳动投入数量，2008～2011年的数据根据各行业工业总产值比重，将就业人数调整为全部工业的口径。由于2012年没有提供制造业分行业的年平均就业人数和工业总产值，因此，无法按照陈诗一的方法进行调整，而从1998年开始统计口径变为全部国有及规模以上非国有工业企业，所以本书采用1998～2011年的平均增长率对2012年的分行业年平均就业人数进行估算。

5.3 制造业资本体现式技术进步估算的实证研究

为了考察资本体现式技术进步对经济增长的贡献，并考察不同行业之间的差异性，首先，通过比较建筑资本和设备资本的价格指数，构建制造业资本质量指数，以衡量不同时期设备资本的质量差异；其次，利用向量自回归模型，在考虑资本形成率和资本即期服务效率的情形下，分析建筑资本和设备资本的系数变化情况；最后，利用索洛余值法，通过比较质量调整前后中性技术进步的贡献，估算出资本体现式技术进步对经济增长的贡献。

5.3.1 资本质量指数的估算

根据赵志耘等（2007）的观点，本书将生产建筑资本的技术进步率与制造业部门的技术进步率视作一致，则设备资本的技术进步率就可以代表制造业部门的资本体现式技术进步。为了验证设备资本价格指数和制造业部门价格指数能否反映技术进步水平，我们将两者在研究期内的变化情况进行对比（1990 年为基期），如图 5.1 所示。其中，制造业建筑资本价格指数用工业生产者出厂价格指数表示，设备资本品价格指数用通信设备、计算机及其他电子设备、专用设备、电气机械及器材、仪器仪表及文化办公机械等四类行业的工业生产者出厂价格指数加权平均表示。

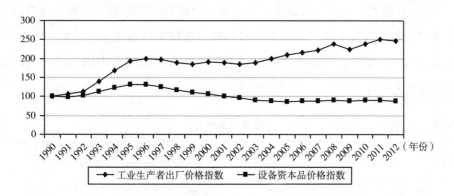

图 5.1　设备资本品价格指数和工业生产者出厂价格指数

资料来源：《中国统计年鉴》，北京：中国统计出版社。

由图 5.1 可以看出，在研究期间内，工业生产者出厂价格指数呈明显的上升趋势，而设备资本品价格指数则表现平稳并呈一定的下降趋势，到 2012 年仅为 88.2①。在同一经济体中两种价格指数呈现出完全相反的变化过程，说明设备资本品相对于制造业部门相对价格的下降主要源于技术进步。由于经济运行过程中容易受市场供求、宏观政策以及经济周期等短期因素的影响，因而单一产品价格指数往往产生一定的波动。但是，如图 5.1 所示的两类价格指数在长期呈现完全相反的变化特征，则只能由技术进步所导致，即由技术进步引起设备资本的质量提高进而降低其市场价格。因此，制造业部门的价格指数与设备资本品价格指数的相对变化能够反映设备资本的质量变动，

---

① 两类价格指数的差异低于宋冬林等（2011）的结果，原因在于：本书中图 5.1 所描述的是加权后的设备资本品价格指数和工业生产者出厂价格指数，是为了更好地反映设备资本品价格指数与制造业部门价格指数的关系。而宋冬林等描述的是通信设备、计算机及其他电子设备工业生产者出厂价格指数，不是设备资本品价格指数。如果将其换为加权后的设备资本质量指数，则其结果将会与本文结果一致。

从而描述隐含在设备资本中的体现式技术进步。

依据前文所描述的资本质量指数估算方法，可以得到制造业整体的资本质量指数，如表5.1所示。从表5.1的数据可知，1990年以来中国制造业设备资本投资中的资本体现式技术进步年均增长率为4.80%，与宋冬林等计算的1980~2007年体现式技术进步增长率为4.78%基本一致。唐文建等（2008）直接利用美国设备资本技术进步增速进行年代调整，对改革开放以来中国的设备资本技术进步增长率进行估算，发现中国增长率为3%~4%，低于本书的估算结果，可能的原因在于美国经济发展情况与中国经济所处阶段之间存在差异性。

表5.1 资本质量指数

年份	指数	年份	指数	年份	指数
1990	1.00	1998	1.62	2006	2.47
1991	1.09	1999	1.66	2007	2.49
1992	1.11	2000	1.80	2008	2.62
1993	1.24	2001	1.86	2009	2.54
1994	1.36	2002	1.93	2010	2.65
1995	1.46	2003	2.08	2011	2.78
1996	1.50	2004	2.24	2012	2.80
1997	1.57	2005	2.41		

资料来源：作者计算整理。

根据戈登（Gordon，1990）的观点，设备资本的质量变化可以通过不变质量的设备资本的数量增减来表示，根据表5.1所测算的资本质量指数，将制造业的设备资本进行调整，调整前后的设备资本存量如图5.2所示。可以看出，从2004年开始，质量调整后的设备资本存量和质量调整前的设备资本存量之间呈现出明显的差异性。经过质量调整的设备资本存量的增速快于没有进行质量调整的设备资本增速，而且其绝对数也较高。并且在2004年以后，质量调整后的设备资本存量几乎是质量调整前设备资本存量的2倍以上，这说明资本体现式技术进步对经济增长确实有作用，从而证明了传统只关注中性技术进步的增长核算必然低估技术进步对经济增长的贡献率。

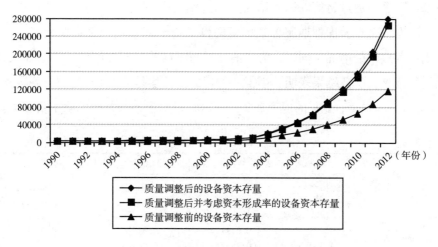

图 5.2 质量调整前后的设备资本质量

资料来源：作者计算整理。

5.3.2 资本体现式技术进步对经济增长的贡献

本部分采用时间序列模型对制造业整体的资本体现式技术进步进行估计，如表 5.2 所示。第①列和第②列是利用式（5.2）进行的估计，即不考虑资本的即期服务特征的回归结果。第①列表示质量调整前设备资本存量的估计结果，可以看出设备资本的估计系数为 0.5631，且在 10% 的显著性水平上显著，建筑资本对经济增长的作用不显著，说明资本投入对经济增长的贡献主要通过设备资本投资发生作用。第②列是利用质量调整后的设备资本存量进行估计的结果，可以看出设备资本的估计系数有所上升为 0.6052，且在 10%的显著性水平上显著，建筑资本的估计系数降低且仍不显著。通过对比第①列和第②列可以发现，质量调整后的设备资本对经济增长的贡献明显提升，说明传统研究经济增长的文献忽视资本质量的变化，必然会低估设备资本质量对经济增长的贡献。第③和第④列是利用式（5.4）进行的估计，考虑了资本的即期服务效率，即通过使用能源利用效率来表示资本的即期服务效率。从估计结果可以看出，质量调整前和质量调整后的设备资本存量的贡献都在10% 的水平上显著，而建筑资本的系数仍不显著，能源使用变量在两种情况下都不显著。通过将第③列和第④列估计结果分别与第①列和第②列进行对比可以发现，在考虑即期服务效率后的设备资本存量估计系数要大于未考虑即期服务效率的情况。同时，为了消除时间序列的自相关问题，本书加入 AR 项进行调整，实证结果表明，第①~④列的估计均是 AR(1) 过程，系数均在 1% 的水平上显著，DW 的值都在 2.0 左右，说明模型很好地消除了自相关。

表 5.2　　　　　　　　　　　　　　基本回归结果

	①	②	③	④
c	5.5730** (2.7000)	5.3705** (2.7200)	5.8004 (0.7417)	7.0010 (0.9864)
$\ln ks$	0.0629 (0.1338)	0.0599 (0.3559)	0.0481 (0.0892)	0.0167 (0.0554)
$\ln ke1$	0.5631* (1.7400)		0.6323* (1.7800)	
$\ln ke2$		0.6052* (2.0746)		0.6392* (2.0729)
$\ln eg$			−0.0243 −0.0379	−0.1837 −0.2800
$ar(1)$	0.9303*** (6.8805)	0.9227*** (6.5828)	0.9295*** (6.2470)	0.9140*** (5.5917)
DW	2.0542	2.0693	2.0572	2.0871
R^2	0.9866	0.9866	0.9866	0.9866

注：(1) ***、**、* 分别表示在 1%、5%、10% 的显著性水平上显著；(2) 括号内为 t 统计量的值。

为了验证表 5.2 中估计结果的稳健性，本书采用资本形成率对人均建筑资本和人均设备资本分别进行调整，并根据式 (5.2) 和式 (5.4) 重新进行估计。从第⑤列和第⑥列可以看出，质量调整前和质量调整后的设备资本存量的估计系数都显著，且质量调整后设备资本对经济增长贡献明显上升，建筑资本的估计系数仍不显著。第⑦列和第⑧列为考虑即期服务效率的估算结果，可以看出质量调整前后设备资本的弹性系数都显著，建筑资本和能源变量的估计系数仍不显著。对比第⑤列和第⑦列以及第⑥列和第⑧列可知，建筑资本的弹性系数均有一定的下降，说明建筑资本存量中有一部分资本在实际生产过程中并没有发挥作用，而是处于空闲的状态，进而证明了传统研究中不考虑资本的即期服务效率，会高估建筑资本存量在经济增长过程中的作用。表 5.3 是根据自回归 AR 项对模型可能存在的自相关问题进行调整后的结果，估计结果显示 DW 值均在 2 附近，说明模型很好地消除了序列自相关。同时，方程的拟合优度 R^2 都在 0.98 以上，说明模型的拟合效果较好。

表 5.3 稳健性回归结果

	⑤	⑥	⑦	⑧
c	4.8287 ** (2.3200)	4.7014 ** (2.3600)	5.3277 (0.7138)	6.6435 (0.9708)
$\ln ks'$	0.0679 (0.1960)	0.0648 (0.1482)	0.0441 (0.0892)	0.0225 (0.0759)
$\ln ke1'$	0.6229 * (1.8192)		0.6715 * (1.8839)	
$\ln ke2'$		0.6708 ** (2.2453)		0.6723 ** (2.3300)
$\ln eg$			−0.05157 −0.0854	−0.2103 −0.3389
$ar(1)$	0.9238 *** (6.2055)	0.9158 *** (5.8960)	0.9224 *** (5.8136)	0.9059 *** (5.2063)
DW	2.0036	2.0193	2.0086	2.0365
R^2	0.9869	0.9869	0.9870	0.9870

注：（1）***、**、* 分别表示在 1%、5%、10% 的显著性水平上显著；（2）括号内为 t 统计量的值。

由资本体现式技术进步的估计模型可知，技术进步的贡献包括体现式技术进步和中性技术进步两种。当对设备资本存量进行质量调整前，根据索洛余值法所测算出的技术进步（TFP）与传统增长核算方程结果一致，资本体现式技术进步的贡献被当作要素增长的剩余部分包含在技术进步的测算中；当对设备资本存量进行质量调整后，则资本体现式技术进步的贡献则体现在质量调整后的设备资本（或称为设备有效资本）中，此时测算的技术进步（TFP）仅为中性的技术进步。因此，两者之差即为资本体现式技术进步。根据模型第⑦列和第⑧列的估计结果，并假定规模报酬不变，可以估计出劳动投入的贡献率以及资本体现式技术进步和中性技术进步的贡献率，估计结果见表 5.4。可以看出，1990～2012 年间，资本体现式技术进步的贡献为12.15%，占资本贡献的比例为 16.95%，说明资本体现式技术进步对经济增长具有重要贡献，从而证明了那些忽视体现式技术进步的传统的增长核算方法，必然会低估技术进步对经济增长的贡献，导致对中国经济增长质量和增长方式的判断出现偏差。

表 5.4　　　　　　　　　制造业整体要素对经济增长的贡献率　　　　　　　　单位:%

时间	资本贡献	劳动贡献	ETC 贡献	ETC 占资本比重	TFP 贡献
1990～2012 年	71.70	15.50	12.15	16.95	12.80

资料来源：作者计算整理。

5.4　制造业分行业资本体现式技术进步的估算及差异性分析

上一节测度了制造业整体的资本体现式技术进步水平，本节将按照与上文相同的方法，考察分行业资本体现式技术进步的贡献及其行业差异性。具体来说，首先，根据赵志耘等（2007）的观点，构造出制造业各细分行业的资本质量指数；其次，运用回归模型和索洛余值法，对分行业资本体现式技术进步的贡献进行估计；最后，分析不同行业中性技术进步和资本体现式技术进步贡献的行业差异性，并尝试找出不同行业技术升级的路径选择。

5.4.1　制造业细分行业资本质量指数的估算

根据赵志耘等（2007）的观点，本书将建筑资本的技术进步率与其他物品的技术进步率看做一致的，则可以通过比较设备资本价格和制造业各行业的价格来度量资本质量指数。其中，设备资本的价格同前面的构造一致，即采用通信设备、计算机及其他电子设备、专用设备、电气机械及器材、仪器仪表及文化办公机械等四类行业工业生产者出厂价格指数加权平均表示；制造业各行业的价格采用分行业工业生产者出厂价格指数表示。表 5.5 给出了各行业在 1990~2012 年资本质量指数部分年份的数据①。可以看出，制造业分行业资本质量指数基本都大于 1，说明不同时期设备资本的质量是不同的，设备资本中蕴含着体现式的技术进步。

表 5.5　　　　　　1990~2012 年各年度制造业分行业资本质量指数

行业	1990 年	1991 年	1995 年	2000 年	2004 年	2007 年	2010 年	2012 年
农副食品加工	1.00	1.05	1.64	1.81	2.51	2.87	3.31	3.80
食品制造	1.00	1.05	1.64	1.81	2.19	2.30	2.59	2.85
饮料制造	1.00	1.03	1.18	1.45	1.69	1.73	1.85	2.00
烟草制品	1.00	1.04	1.01	1.48	1.89	1.92	1.94	2.00
纺织业	1.00	1.07	1.33	1.52	1.80	1.86	2.00	2.18
服装业	1.00	1.09	1.36	1.80	2.11	2.14	2.21	2.38
皮羽制品	1.00	1.11	1.50	2.01	2.41	2.55	2.61	2.83
木材加工	1.00	1.23	1.28	1.25	1.44	1.55	1.62	1.75
家具制造业	1.00	1.02	1.20	1.50	1.79	1.87	1.95	2.06
造纸及纸制品	1.00	1.04	1.34	1.64	1.91	1.96	2.02	2.08
印刷业和记录媒介的复制	1.00	1.04	1.34	1.64	1.83	1.82	1.87	1.94
文教体育用品制造	1.00	1.06	1.20	1.41	1.63	1.70	1.78	1.90
石油加工、炼焦及核燃料加工	1.00	1.19	2.66	4.54	6.81	9.96	12.83	15.20
化学原料及化学制品制造	1.00	1.03	1.34	1.54	2.02	2.28	2.40	2.57
医药制造	1.00	0.98	1.08	1.07	1.19	1.21	1.30	1.35
化学纤维制造	1.00	1.02	1.17	1.02	1.16	1.27	1.30	1.30
橡胶制品	1.00	1.09	1.15	1.29	1.48	1.67	1.80	2.00
塑料制品	1.00	1.09	1.26	1.37	1.65	1.79	1.80	1.90
非金属矿物制品	1.00	1.06	1.44	1.74	2.07	2.13	2.34	2.51
黑色金属冶炼及压延加工	1.00	1.20	1.81	1.98	3.06	3.30	3.55	3.54
有色金属冶炼及压延加工	1.00	1.05	1.52	1.63	2.16	3.36	3.17	3.38
金属制品	1.00	1.08	1.31	1.47	1.81	1.95	2.04	2.13
通用设备制造	1.00	1.05	1.24	1.47	1.76	1.81	1.87	1.94
交通运输设备制造	1.00	1.12	1.22	1.50	1.62	1.60	1.62	1.64

资料来源：作者计算整理。

---

①　受篇幅所限，仅列出部分年份的测算结果。

5.4.2　制造业分行业技术进步贡献的差异性

根据分行业资本质量指数，可以对各行业设备资本存量进行调整，再运用上面关于测算制造业整体各要素对经济增长贡献相同的方法，就能够估算出制造业细分行业各要素对经济增长的贡献，如表5.6所示。

表5.6　　　　1990～2012年制造业各行业要素对经济增长的贡献率　　　单位:%

行业	资本贡献	劳动贡献	ETC 贡献	ETC 占资本比重	TFP 贡献
农副食品加工	78.93	10.06	5.44	6.89	11.01
食品制造	89.66	3.96	4.84	5.40	6.38
饮料制造	84.91	1.69	3.02	3.56	13.40
烟草制品	60.58	−5.96	7.24	11.95	45.38
纺织业	85.61	−1.93	10.82	12.64	16.32
纺织服装、鞋、帽制造业	85.76	12.07	5.24	6.11	2.17
皮羽制造	61.34	21.18	2.32	3.78	17.48
木材加工	77.43	9.14	7.75	10.01	13.43
家具制造业	64.70	12.58	5.72	8.84	22.72
造纸及纸制品	88.85	5.14	6.04	6.80	6.01
印刷业和记录媒介的复制	71.78	7.17	7.18	10.00	21.05
文教体育用品制造	57.12	18.12	5.32	9.31	24.76
石油加工、炼焦及核燃料加工	68.50	28.16	8.15	11.90	3.34
化学原料及化学制品制造	81.97	12.86	11.24	13.71	5.17
医药制造	70.16	18.27	12.27	17.49	11.56
化学纤维制造	62.99	0.74	14.21	22.56	36.27
橡胶制品	78.11	15.74	6.82	8.73	6.15
塑料制品	62.99	17.18	8.02	12.73	19.83
非金属矿物制品	96.78	−1.25	10.32	10.66	4.48
黑色金属冶炼及压延加工	88.08	6.29	9.48	10.76	5.63
有色金属冶炼及压延加工	77.85	14.67	10.75	13.81	7.48
金属制品	80.56	6.29	9.93	12.33	13.14
通用设备制造	85.35	5.48	12.18	14.27	9.18
交通运输设备制造	64.98	13.83	12.81	19.72	21.19

资料来源：作者计算整理。

从表5.6中可以看出，制造业分行业的经济增长主要是依靠要素投入实现的，且资本投入对经济增长的贡献占主要部分，这与中国投资驱动型经济增长方式是一致的，但技术进步的作用也不容忽视。中性技术进步增长（TFP）对经济增长的贡献呈现出明显的行业差异性。具体来看，中性技术进步增长率最高的行业分别为烟草制品业（45.38%）、化学纤维制造业（36.27%）、文教体育用品制造业（24.76%）、家具制造业（22.72%）和交通运输设备制造业（21.19%）等，这些行业基本上都是劳动密集型行业和技术密集型行业，说明交通运输设备等技术密集型行业的技术进步对于促进制造业转型升级的具有重要作用；中性技术进步增长率最低的行业分别为服装业（2.17%）、石油加工、炼焦及核燃料加工（3.34%）、非金属矿物制品业（4.48%）、化学原料及化学制品制造业（5.17%）以及黑色金属冶炼及压延加工业（5.63%）等，除服装业以外，其余行业都是重化工的资本密集型行业，说明要想推动制造业实现产业升级，必须提高重化工行业的技术水平。

进一步，考察与设备资本相融合的资本体现式技术进步的贡献。从表5.6可以看出，资本体现式技术进步（ETC）对经济增长的贡献都大于0，说明传统忽视体现式技术进步的增长核算方法必然低估技术进步的作用。资本体现式技术进步对经济增长的贡献在不同行业之间存在较为显著的差异性。具体来看，（1）除纺织业和通用设备制造业等少数行业外，资本体现式技术进步贡献最高的行业基本都是技术密集型行业，如化学纤维制造业（14.21%）、交通运输设备制造业（12.81%）、医药制造业（12.27%）和化学原料及化学制品制造业（11.24%）等。这可能是因为技术密集型行业是技术水平最高、新技术应用和推广最迅速的行业，它通过开发、引进和利用新技术，使生产设备的技术水平获得较大程度的提高，因此，融合在该行业生产设备中的技术进步相对其他行业较多，从而使资本体现式技术进步对经济增长的贡献程度较大。（2）资本体现式技术进步贡献最低的行业大多是劳动密集型行业，如皮羽制品业（2.32%）、饮料制造业（3.02%）、食品制造业（4.84%）、服装业和文教体育用品制造业（5.24%）等，这可能是由于劳动密集型行业中资本投入占总投入的比重较少，从而使融合在设备资本中的技术进步也较少。（3）资本体现式技术进步贡献处于中间位置的行业包括部分劳动密集型行业和几乎全部的资本密集型行业，且资本密集型行业的 ETC 相对较高，这可能是因为资本投入在这些行业中的占比较高，从而使技术进步比较容易伴随着设备的更新和升级而产生。

5.4.3 制造业技术进步的选择路径

从前面的分析可知，目前我国制造业分行业的技术进步既有中性技术进步也有资本体现式技术进步。其中，劳动密集型行业的技术进步主要来源于中性技术进步的作用，资本体现式技术进步并不是其技术升级的主要推动力，使得劳动密集型行业技术进步的速度不高；技术密集型行业的技术进步最快，其中资本体现式技术进步和中性技术进步的作用都很大，技术升级的速度最快；资本体现式技术进步主要来源于资本体现式技术进步的作用，中性技术进步的贡献较弱，说明资本密集型行业仍然是主要依靠设备引进为主，自主创新能力还不强。因此，为了尽快实现制造业结构调整和转型升级的要求，应该注重劳动密集型行业中设备资本的使用，提高资本体现式技术进步对技术升级的贡献。而对于资本密集型行业，在不断引进国外先进技术设备的同时，应当注重自主创新能力的培育，不断提高生产先进装备制造设备的能力，提高中性技术进步对资本密集型行业的贡献。同时，应继续加强技术密集型行业中先进技术设备的推广和应用，不断提高先进设备的生产和使用比例，最终实现制造业结构调整和转型升级的目标。

5.5 本章小结

本章的研究内容主要可以分为以下三个方面：首先，由前文的理论模型可知，经济增长是由中性技术进步和资本体现式技术进步共同作用的结果。本章利用 1990~2012 年制造业及其细分行业的数据，将资本分为建筑资本和设备资本，借鉴赵志耘（2007）的观点，将建筑资本的技术进步率与制造业部门的技术进步率视作一致，通过比较设备资本和制造业部门的价格指数，就得到了制造业及其细分行业的资本质量指数,并用其对设备资本存量进行了调整。其次,为了更加准确地测算资本体现式技术进步的作用,本书考虑了资本的即期服务效率和资本形成率的影响。在此基础上,分别对制造业整体和制造业分行业的各要素对经济增长的贡献进行了研究,并重点讨论了资本体现式技术进步对经济增长的贡献。最后,通过资本体现式技术进步的行业差异性分析,归纳了制造业各行业技术进步的路径。

实证结果表明:一方面,就制造业整体来看,1990 年以来中国制造业设备资本投资中的资本体现式技术进步年均增长率为 4.80%。在充分考虑资本的即时服务率和固定资本形成率的基础上,通过构建回归模型,并利用索洛余值法对技术进步进行测算,通过比较质量调整前后所测算的中性技术进步对经济增长的贡献差异,从而得到了资本体现式技术进步对经济增长的贡献率。实证研究发现,资本体现式技术进步对经济增长的贡献率为 12.15%,占整个资本贡献率的 16.95%,说明融合在设备资本中的体现式技术进步对经济增长具有重要的作用,传统忽视资本体现式技术进步的增长核算方法,必将低估技术进步对经济增长的作用,从而容易使经济增长质量和方式的判断出现偏差。另一方面,分行业来看,首先,通过观察中性技术进步的贡献可以发现,中性技术进步增长(TFP)对经济增长的贡献呈现出明显的行业差异性。其中,劳动密集型行业和技术密集型行业的中性技术进步对经济增长的贡献率较高,而资本密集型行业的中性技术进步贡献率较低,且重化工业最低,说明要想实现产业的结构调整和转型升级,必须提高技术密集型行业的比重,发挥技术密集型行业在结构调整中的作用。同时,不断提高重化工业的技术水平,最终实现制造业的技术水平。其次,资本体现式技术进步对经济增长的贡献率都大于 0,说明资本体现式技术进步对经济增长具有重要的贡献,这一点同制造业整体的结论是一致的。进一步观察发现,资本体现式技术进步对经济增长的贡献在不同行业之间存在较为显著的差异性。其中,除纺织业等少数行业外,资本体现式技术进步贡献最高的行业基本上都是技术密集型行业,这主要是由于技术密集型行业的技术水平最高,且在新技术应用和推广方面也最为迅速,通过开发、引进和利用新技术,使生产设备的技术水平获得较大程度的提高;劳动密集型行业的资本体现式技术进步的水平最低；资本密集型行业中资本体现式技术进步的贡献大多处于中间阶段，这可能是由于资本投入在这些行业中的占比较高，从而使技术进步容易伴随着设备的更新和升级而产生。最后，归纳出了制造业转型升级过程中各行业技术升级的路径。即劳动密集型行业技术水平的提高主要依靠中性技术进步的贡献，因此，在转型升级的过程中，应当加大设备资本的使用，提高资本体现式技术进步的贡献；技术密集型行业技术水平的提高同时依靠中性技术进步和资本体现式技术进步，以后要加强和保持先进设备资本的投入比例，进一步提高技术水平；资本密集型行业的技术进步主要依靠资本体现式技术进步，中性技术进步的贡献不足，说明其行业自主创新的能力不强，技术进步主要依靠设备资本的引进和吸收，今后应当加强培育和建立创新体系，不断提高自主研发的能力和水平。

可见，无论对于制造业还是对其细分行业来说，资本体现式技术进步的贡献都不容忽视。在中国已经进入经济发展新常态、面临产业结构调整和转型升级的背景下，准确测算出技术进步对经济增长的贡献至关重要，它将决定着中国当前宏观经济政策的制定和制造业转型升级的路径选择。

第6章
结论、启示与展望

至此，本书已经从理论分析和实证检验两个方面系统地考察了制造业资本体现式技术进步对经济增长贡献及行业差异性。本章旨在对资本体现式技术进步及其行业差异性的相关研究结论进行总结，并据此对中国正确认识制造业经济增长方式和选择制造业分行业转型升级的路径提供一些启示和政策建议。此外，虽然本书从理论和实证两方面证明了制造业技术进步是有偏的，推翻了传统的假定技术进步为中性的测算方法，证明了体现式技术进步的存在性及其对经济增长的贡献，并考察了分行业技术进步的差异性，对于推动相关研究的发展和现实问题的解释做出一定的积极贡献，但是由于个人研究能力的局限性、数据来源以及相关理论进展的限制等多方面的影响，本书尚存在诸多需要改进的地方。

6.1 主要结论

在文献综述和理论机理的基础上，本书发现技术进步偏向理论的存在以及发展已经有一段时间，相关研究在理论分析和实证测算方面都取得了较为丰硕的成果。同时，现有文献在资本体现式技术进步方面也作了一定的研究，基本证明了资本体现式技术进步的存在性，并取得了一定的研究成果。但是仍然存在两个方面的不足：第一，在技术进步偏向方面。现有研究虽然已经就技术进步偏向达成了一致，但是现有文献主要集中在宏观层面的研究，分行业测算技术进步偏向的研究较少。第二，在技术进步的测算方面。传统对技术进步的测算方法，一般都建立在以技术进步为中性的假定基础上，将不能由要素贡献解释的部分全部归为全要素生产率，这在一定程度上低估了技术进步对经济增长的贡献。虽然现有的很多研究都证明了资本体现式技术进步的存在，但是相关的实证研究却很少，至于分行业资本体现式技术进步的测算几乎处于空白。

基于当前研究存在的以上两点不足，本书利用制造业分行业数据，首先，考察了制造业及其分行业技术进步的偏向性，并对技术进步偏向的行业差异性进行分析，从而证明了传统测算技术进步方法的局限性和不足之处；其次，通过构建制造业质量指数对设备资本进行质量调整，证明了资本体现式技术进步的存在性，估算了制造业及其细分行业资本体现式技术进步的贡献，并考察了各行业中性技术进步和资本体现式技术进步对经济增长贡献的差异性，以期找出不同行业类型结构调整和转型升级的发展路径。通过研究本书得到以下主要结论。

（1）在技术进步偏向的研究方面，本书采用三方程标准化系统法测算资本—劳动替代弹性、资本增强型和劳动增强型技术进步速率，并据此求出了制造业技术进步偏向指数。研究发现，在研究期间内，中国制造业资本—劳动替代弹性为 0.3703（大于 0 小于 1），说明资本和劳动之间具有互补关系，未来技术进步的方向选择可根据资本和劳动相对价格变化，朝着提高稀缺要素生产效率水平的方向发展；资本和劳动增强型技术进步的平均速率分别为 0.0875 和 0.1004，说明劳动生产效率比资本产出效率提高得更快；技术进步偏向指数 $D(0.0219)$ 大于 0，说明中国制造业技术进步是资本偏向型的，技术进步使资本的边际产出提高的更多。

（2）在借鉴萨托和莫里塔（Sato and Morita，2009）指数方法的基础上，本书推导出了测算各期要素技术进步速率的方法，考察了制造业的要素替代弹性和技术进步速率。实证研究发现，1996 年是中国制造业技术进步方式发生资本深化变革的转折点。即：1996 年以前，各年度劳动技术进步速率 γ_N 和资本技术进步速率 γ_K 的符号正负相间，技术进步偏向 D 也没有一致性的规律可循，说明中国技术进步没有明显的偏向性；而 1996 年以后，上述各项指标基本上都大于 0，说明中国技术进步具有明显的技术偏向性。究其原因在于，改革开放到"八五"期末是中国工业化大发展阶段，这一时期进行的以公有制为主体多种经济成分并存的经济体制改革，将市场因素引入工业化进程，这种结构性调整推动了中国制造业的技术进步，但这一时期中国制造业的资本—劳动替代弹性、技术进步偏向规律性还不甚明显。从"九五"时期开始，在经济体制改革不断深化、对外开放不断扩大、大量外资进入中国、地方政府分权等多种因素的影响下，中国制造业进入资本深化的全盛时期，技术进步呈现出明显的资本偏向型特征。而且从 1996 年开始中国制造业资本—劳动替代弹性大于 0 且小于 1，技术进步起到了提高资本产出效率和劳动生产效率的双重作用。

（3）通过对制造业 28 个行业的技术进步偏向的考察，发现中国制造业分行业技术进步特征存在较明显的差异性。在研究期间内，除纺织业、皮羽制造业以及造纸及纸制品业技术进步是劳动偏向型以外，其他行业的资本—劳动替代弹性都处于 0～1 之间，资本和劳动技术进步速率都大于 0，这与制造业技术进步演进的总体特征保持高度一致。进一步考察劳动密集型、资本密集型和技术密集型行业的资本—劳动替代弹性及技术进步偏向指数的测算结果发现：劳动密集型行业内部技术进步的异质性最为明显，一些细分行业资本深化程度较高，技术进步较为明显；而有些行业还停留在比较低级的生产阶段，亟待进行技术升级；资本密集型行业的测算值普遍较高，说明该行业资本和劳动的互补性相对较差，其发展过多的依赖于资本的投入，人力资本的积累和创新能力的提高是该行业亟待解决的主要问题；技术密集型行业的测算值普遍较低，可能是由于这类行业包含大量的民营经济，使资本和劳动具有优质性和互动性的特点，是制造业发展方式转变和产业结构升级的中坚力量。

（4）在借鉴格林伍德等（Greenwood et al.，1997）研究的基础上，本书将资本分为建筑资本和设备资本，考虑到不同时期资本质量的差异性，通过构建资本质量指数对不同时期的设备资本存量进行了调整，并利用内生增长理论构造了一个研究资本体现式技术进步对经济增长贡献的两部门模型。研究发现：经济增长率的变化不仅是中性技术进步的增函数，而且也是资本体现式技术进步的增函数，即经济增长是中性技术进步和资本体现式技术进步的共同作用的结果。资本体现式技术进步的增长是由设备资本数量和设备资本边际生产率共同决定的，即资本体现式技术进步与设备资本的收益率呈正相关关系。

（5）在通过理论证明了资本体现式技术进步对经济增长贡献的基础上，利用 1990~2012 年中国制造业及其细分行业的数据，实证检验了资本体现式技术进步对经济增长的作用。具体来说，将资本分为建筑资本和设备资本，并构建了制造业及其细分行业的资本质量指数。同时，为了更加准确的测算资本体现式技术进步的作用，本书考虑了资本的即期服务效率和资本形成率的影响，通过比较质量调整前后中性技术进步的贡献，测算出了资本体现式技术进步对经济增长的贡献。研究结果表明，1990 年以来中国制造业设备资本投资中的资本体现式技术进步年均增长率为 4.80%，其对经济增长的贡献率为 12.15%，占整个资本贡献率的 16.95%，从而实证证明了资本体现式技术进步对经济增长的重要作用，那些忽视资本体现式技术进步的研究，必然会低估技术进步的作用，从而产生错误的结论。

（6）通过比较制造业分行业中性技术进步和资本体现式技术进步对经济增长的贡献，考察了制造业技术进步的行业差异性，并归纳了制造业分行业技术升级的发展路径。测算结果表明，资本体现式技术进步对经济增长的贡献率都大于 0，说明资本体现式技术进步对经济增长具有重要的贡献。进一步观察发现，资本体现式技术进步对经济增长的贡献存在较为显著的行业差异性。其中，技术密集型行业的资本体现式技术进步贡献最高；劳动密集型行业的资本体现式技术进步的水平最低；资本密集型行业中资本体现式技术进步的贡献大多处于中间阶段。究其原因可能是因为技术密集型行业的技术进步速率最高，在新技术使用和推广方面占有优势；根据设备资本收益率与经济增长的正向关系可知，由于资本密集型行业的设备资本存量较多，从而使得资本体现式技术进步的贡献相对较大。因此，要想实现制造业行业的结构升级，应当增加劳动密集型行业中先进机器设备的使用，从而提高资本体现式技术进步对劳动密集型行业结构升级的作用。

6.2 政策启示

近年来，转变经济增长方式一直是中国宏观经济政策关注的焦点。在中国经济高速增长的过程中，以全要素生产率测度的技术进步增长贡献却呈现出不断下降的状态，这种现象引起了很多学者的关注。一方面，一些学者据此提出了中国经济的高增长仅仅是依靠高资本投入的粗放型发展方式实现的，技术进步速率在中国经济增长中是不断降低的（金碚，2003；王小鲁等，2009）。另一方面，学者们认为全要素生产率不能够代替技术进步的全部，技术进步存在被低估的可能，在资本投资过程中蕴含着大量的技术进步，需要正确认识技术进步在经济增长中的作用（白重恩等，2006；赵志耘等，2007；宋东林等，2011）。因此，正确测算技术进步对经济增长的贡献，对于判断中国经济增长的质量以及是否可持续具有重要的意义。

在上述背景下，本书的研究主要是基于资本体现式技术进步的视角，重新对经济进步进行测算，并重点考察了资本体现式技术进步对经济增长的贡献以及不同行业间技术进步的差异性。除此之外，为了证明传统采用全要素生产率衡量技术进步的局限性，本书考察了制造业的技术进步偏向以及演进过程，并进一步分析了制造业技术进步偏向的行业差异性，以期找出不同行业技术升级的路径。因此，在当前中国经济进入新常态的背景下，本书的研究结论对于中国制造业经济结构调整和转型升级具有一定的指导意义。

（1）优化设备引进的技术结构，提高技术引进效率。大量研究表明，技术设备的引进和吸收是发展中国家促进技术进步的重要途径，这主要是因为技术设备的引进可以帮助发展中国家避免高额的试错成本，使发展中国家有机会接触到国外的先进技术。同时，通过研发经验快速积累，加速推进本国的技术进步，最终能够使发展中国家发挥"后发优势"，实现超越式发展。当前，中国虽然已经进入经济发展的"新常态"，但是在很多领域与发达国家的技术差距仍然存在，在未来很长的一段时间内，引进发达国家的先进技术设备（技术溢出和扩散效应），仍将是中国缩短与发达国家技术差距的重要途径。尤其是一些以资源消耗为基础的行业，在资源日益枯竭和环境生态压力不断加剧的情况下，亟待进行转型升级，通过技术设备引进的方式能够提高这些行业的要素生产率，从而增强这些行业的经济活力和经济创造力。因此，在当前环境下，要实现制造业的持续发展，仍然要大力引进国外先进的技术设备，不断优化引进设备的技术结构，提高技术引进的效率，加大引进具有国际先进水平的设备投入，不断提高制造业行业尤其是劳动密集型行业中的高技术设备在生产中的比重。同时，政府应该利用资金、土地等多种渠道对企业技术设备的引进进行支持，加大扶持力度，最终实现制造业技术水平的提高。

（2）转变中国制造业技术进步的方式，形成以自主创新为导向的技术进步新动力。根据本书的结论，中国制造业技术进步明显偏向资本，导致了出现劳动收入降低、贫富差距加大等一系列问题，这使我们必须重新思考中国制造业技术进步的方式。当发展中国家与发达国家具有较大的技术差距时，发展中国家可以凭借技术引进和模仿迅速缩小与发达国家的技术差距；但是随着技术差距的不断缩小，发展中国家必须从引进、模仿向改进、创新转变，最终走向自主创新的道路①。改革开放初期，中国的制造业技术水平与发达国家的差距较大，物质资本和人力资本存量较低，不具备自主创新的条件，只能通过技术引进的方式发展国民经济，虽然这使得中国制造业的技术水平迅速提高，但同时也致使中国复制了发达国家技术进步的方向，违背了自身发展的比较优势，并导致劳动收入份额不断下降。当前，随着中国与发达国家技术水平差距的不断缩小，单纯依靠技术的引进和模仿已经不足以支撑起现阶段中国制造业转型升级的发展要求，要想实现产业结构不断升级和内生增长，必须依靠自主创新，利用发展中国家的后发转型优势，培育和建立自主创新体系，最终形成以自主创新为导向的技术进步新动力。

（3）开展多层次教育以提升人力资本水平，增强引进技术转移效率和吸

---

① 郭熙保，文礼朋. 从技术模仿到自主创新——后发国家的技术成长之路［J］. 南京大学学报：哲学. 人文科学，2008，（1）：7 - 35.

收能力。从发达国家引进的先进技术设备，其消化与吸收能力取决于人力资本水平的高低，一般来说，人力资本水平越高，能够选择的适宜技术的空间就越大，技术进步的速度就会越快。现有的研究表明，中国在技术设备的引进过程中，重引进、轻消化吸收的现象普遍存在（柏振忠，2007），导致企业长期处于"消化不良"的状态，加重了对发达国家先进技术的依赖，从而使技术转移效率水平一直不高。如果这种现象长期存在，将会导致发展中国家很难发挥其"后发优势"，从而无法实现技术赶超。现阶段中国人力资本对融合在设备资本中的体现式技术进步的作用还相当有限，人力资本结构和质量对于生产率的提高和技术水平的贡献还较低，一方面说明人力资本积累和包含新技术的设备资本的熟练使用之间还需要经历一个较长的过程，另一方面说明中国对技术设备的利用效率以及同中国要素禀赋相结合的程度还较低，导致"二次创新"能力不强。因此，政府应当制定与经济发展相适宜的人才培养模式，在大力发展高等教育的同时，开办不同层次的职业教育和劳动力技能培训，鼓励和支持职业教育的发展，争取培养更多的技能型人才，从而实现人力资本结构的不断优化。

（4）在推进工业化结构调整和转型升级的过程中，不断优化资本投资结构。目前，中国经济发展虽然已经进入"新常态"，处于由高速增长向中速增长过渡和经济结构调整的关键时期，但仍然是处于工业化进程不断推进的发展中国家。在工业化和城市化不断推进的过程中，技术进步往往会通过与资本积累融合的方式作用于经济增长，仅使用全要素生产率无法对资本体现式技术进步进行测算，其结果必然会低估技术进步的贡献率，导致很多学者错误地认为中国的高投入式增长是低效的和完全"粗放型"的。如果中国经济增长确如学者们所认为的那样，是低效和完全"粗放型"的，中国的经济增长又怎么会持续如此之久，且资本回报率又怎会一直保持在较高水平。因此，在以技术引进和技术模仿作为提高技术水平的重要方式的条件下，资本体现式技术进步的存在只是中国经济增长中正常的阶段性的现象。

在当前中国经济所处的发展阶段下，我们应该正确认识资本体现式技术进步的存在性及其对经济增长的贡献，在积极推进经济结构调整和转型升级的过程中，注重资本的有效积累，不断优化资本投资结构，鼓励节能减排技术（如低碳技术等）的推广使用，提高制造业行业中高技术设备资本的投资和使用比例。

6.3 研究展望

本书的研究基于资本体现式技术进步的视角，重新对制造业分行业技术进步进行了测算，但是，由于数据来源和相关理论等方面的限制，未能就此进行更加深入的研究，存在着诸多需要深入研究的地方。同时，如何更加有效地将资本体现式技术进步从设备资本中有效分离并准确测算，仍将是当前学术界研究的难点问题。

（1）本书在研究的过程中，虽然认识到了体现式技术进步包括与劳动相结合的劳动体现式技术进步和融合在设备资本中的资本体现式技术进步两方面，但是受到数据和本人研究能力的限制，无法对融合在劳动中的高水平人力资本进行分离，所以本书的研究只考虑了与设备资本相融合的资本体现式技术进步，未能将人力资本从劳动力投入中进行有效识别，并将其进行剥离出来，这可能是下一阶段需要深入研究的方向。

（2）本书的研究就制造业分行业资本体现式技术进步进行了测算，并根据各行业中性技术进步和资本体现式技术进步贡献的不同，尝试归纳了不同行业技术进步的发展路径，这在一定程度上丰富了资本体现式技术进步的研究，填补了分行业体现式技术进步的空白。但是，由于受个人能力和相关理论发展的限制，对体现式技术进步贡献的认识仍主要停留在实证研究领域，且主要集中于使用单一模型对资本体现式技术进步及其贡献率进行研究，而将资本体现式技术进步内生化于模型中，并考察其对资本、劳动等要素贡献的影响，以及与经济增长内在共生机制仍需进一步研究和拓展。

（3）本书在对技术进步进行重新估计之前，为了说明传统核算技术进步的方法存在的固有缺陷，即假定技术进步为希克斯中性的，估算了制造业及其细分行业的技术进步偏向性，最终论证了测算资本体现式技术进步对经济增长的贡献的必要性。但是由于本书研究目的的限制，对技术进步偏向形成的原因以及资本体现式技术进步影响因素的研究只是停留在定性分析的层面上，缺少考察各种因素影响大小的经验研究，笔者将在以后的研究中从实证的角度对影响要素作用大小进行分析，考察不同影响要素对技术进步偏向及资本体现式技术进步作用的大小，从而进一步丰富和拓展技术进步偏向及资本体现式技术进步的研究。

参 考 文 献

一、中文部分

[1] 白重恩，钱震杰，武康平．中国工业部门要素分配份额决定因素研究 [J]．经济研究，2008（8）：16－28.

[2] 柏振忠．我国技术引进效率存在的问题探析——从国际经验的角度 [J]．理论月刊，2007（8）：71－73.

[3] 包群，赖明勇．中国外商直接投资与技术进步的实证研究 [J]．经济评论，2002（6）：63－66.

[4] 陈劲．从技术引进到自主创新的学习模式 [J]．科研管理，1994（2）：32－34.

[5] 陈诗一．中国的绿色工业革命：基于环境全要素生产率视角的解释（1980—2008）[J]．经济研究，2010（11）：21－34.

[6] 陈诗一．中国工业分行业统计数据估算：1980—2008 [J]．经济学（季刊），2011（3）：735－775.

[7] 陈晓玲，连玉君．资本—劳动替代弹性与地区经济增长——德拉格兰德维尔假说的检验 [J]．经济学（季刊），2012（10）：93－118.

[8] 陈宇峰，贵斌威，陈启清．技术偏向与中国劳动收入份额的再考察 [J]．经济研究，2013（6）：113－126.

[9] 戴天仕，徐现祥．中国的技术进步方向 [J]．世界经济，2010（11）：54－70.

[10] 邓军．制造业的生产分割与工资收入差距：16个行业证据 [J]．改革，2011（1）：107－112.

[11] 邓明．人口年龄结构与中国省际技术进步方向 [J]．经济研究，

2014 (3): 130 – 143.

[12] 董秘刚. 技术进步与国际贸易: 中国对外贸易增长模式研究 [M]. 北京: 中国经济出版社, 2011.

[13] 董直庆, 王林辉. 资本体现式技术进步与经济增长周期波动关联效应 [J]. 求是学刊, 2011, 38 (2): 63 – 68.

[14] 董直庆, 王芳玲, 高庆昆. 技能溢价源于技术进步偏向性吗? [J]. 统计研究, 2013, 30 (6): 37 – 44.

[15] 段文斌, 尹向飞. 中国全要素生产率研究评述 [J]. 南开经济研究, 2009 (2): 130 – 140.

[16] 傅家骥. 技术创新学 [M]. 北京: 清华大学出版社, 1998.

[17] 郭国峰, 温军伟, 孙保营. 技术创新能力的影响因素分析——基于中部六省面板数据的实证研究 [J]. 数量经济技术经济研究, 2007, 24 (9): 134 – 143.

[18] 郭庆旺, 贾俊雪. 中国全要素生产率的估算: 1979—2004 [J]. 经济研究, 2005 (6): 51 – 60.

[19] 郭熙保, 文礼朋. 从技术模仿到自主创新——后发国家的技术成长之路 [J]. 南京大学学报: 哲学. 人文科学, 2008 (1): 7 – 35.

[20] 黄先海, 刘毅群. 物化性技术进步与我国工业生产率增长 [J]. 数量经济技术经济研究, 2006 (4): 2 – 60.

[21] 黄先海, 刘毅群. 设备投资、体现型技术进步与生产率增长: 跨国经验分析 [J]. 世界经济, 2008 (4): 7 – 61.

[22] 黄先海, 徐圣. 中国劳动收入比重下降成因分析——基于劳动节约型技术进步的视角 [J]. 经济研究, 2009 (7): 4 – 44.

[23] 吉亚辉, 祝凤文. 技术差距、"干中学"的国别分离与发展中国家的技术进步 [J]. 数量经济技术经济研究, 2011 (4): 49 – 63.

[24] 蒋为, 黄玖立. 国际生产分割、要素禀赋与劳动收入份额: 理论与经验研究 [J]. 世界经济, 2014 (5): 28 – 49.

[25] 金碚. 资源与环境约束下的中国工业发展 [J]. 中国工业经济, 2005 (4): 5 – 14.

［26］雷钦礼. 偏向性技术进步的测算与分析 ［J］. 统计研究, 2013, 30 (4)：83 - 91.

［27］李德水. 加快转变经济增长方式 ［J］. 求是, 2005 (21)：28 - 31.

［28］李钢, 金碚, 董敏杰. 中国制造业发展现状的基本判断 ［J］. 经济研究参考, 2009 (41)：46 - 49.

［29］李平, 孙灵燕. 国外专利申请对技术进步的影响——基于中国各地区面板数据的分析 ［J］. 经济经纬, 2007 (1)：40 - 43.

［30］李尚骜. 跨国收入差距的收敛性 ［J］. 经济研究, 2010 (5)：110 - 122.

［31］李小平. 国际贸易与技术溢出：途径及测算研究综述 ［J］. 财贸经济, 2008 (5)：108 - 111.

［32］林毅夫, 任若恩. 东亚经济增长模式相关争论的再探讨 ［J］. 经济研究, 2007 (8)：4 - 12.

［33］罗长远. 卡尔多"特征事实"再思考：对劳动收入占比的分析 ［J］. 世界经济, 2008 (11)：86 - 96.

［34］马春文, 张东辉. 发展经济学 ［M］. 北京：高等教育出版社, 2010 (4)：139.

［35］马颖. 发展经济学前沿理论研究 ［M］. 北京：人民出版社, 2013.

［36］潘士远. 最优专利制度、技术进步方向与工资不平等 ［J］. 经济研究, 2008 (1)：127 - 136.

［37］皮埃尔·卡赫克、安德烈·齐尔贝尔博格. 《劳动经济学》［M］. 沈文恺译, 上海：上海财经大学出版社, 2007.

［38］沈利生, 王恒. 增加值率下降意味着什么 ［J］. 经济研究, 2006 (3)：59 - 66.

［39］宋冬林, 王林辉, 董直庆. 资本体现式技术进步及其对经济增长的贡献率 (1981—2007) ［J］. 中国社会科学, 2011 (2)：91 - 106.

［40］孙克. 中国资本体现式技术进步估计 ［J］. 经济科学, 2011 (3)：33 - 45.

［41］孙新雷, 钟培武. 改革开放后我国全要素生产率的变动与资本投入

[J]. 经济经纬, 2006 (5): 24 - 27.

[42] 孙瑶, 蒋瑛. 外资研发与国家创新系统的自组织演化 [J]. 科技进步与对策, 2009 (4): 9 - 12.

[43] 唐文健, 李琦. 中国设备投资专有技术进步的估计 [J]. 统计研究, 2008 (4): 96 - 100.

[44] 王林辉, 宋冬林, 董直庆. 资本体现式技术进步及其对经济增长的贡献率: 一个文献综述 [J]. 经济学家, 2009 (12): 84 - 91.

[45] 王林辉, 董直庆. 资本体现式和中性技术进步路径选择: 基于我国制造业面板数据的实证检验 [J]. 东北师大学报: 哲学社会科学版, 2010 (6): 49 - 54.

[46] 王林辉, 董直庆. 我国资本体现式和非体现式技术进步贡献率——来自纺织业的经验证据 [J]. 财经研究, 2010 (8): 78 - 89.

[47] 王林辉, 董直庆. 资本体现式技术进步、技术合意结构和中国生产率增长来源 [J]. 数量经济技术经济研究, 2012 (5): 3 - 18.

[48] 王玺, 张勇. 关于中国技术进步水平的估算——从中性技术进步到体现式技术进步 [J]. 中国软科学, 2010 (4): 155 - 163.

[49] 王小鲁, 樊纲, 刘鹏. 中国经济增长方式转换和增长可持续性 [J]. 经济研究, 2009 (1): 4 - 16.

[50] 王燕, 陈欢. 技术进步偏向、政府税收与中国劳动收入份额 [J]. 财贸研究, 2015 (1): 98 - 105.

[51] 卫兴华, 侯为民. 中国经济增长方式的选择与转换途径 [J]. 经济研究, 2007 (7): 15 - 22.

[52] 吴敬琏. 制度重于技术——论发展我国高新技术产业 [J]. 经济社会体制比较, 1999 (5): 17 - 20.

[53] 颜鹏飞, 王兵. 技术效率、技术进步与生产率增长: 基于 DEA 的实证分析 [J]. 经济研究, 2004 (12): 55 - 65.

[54] 杨小凯. 发展经济学: 超边际与边际分析 [M]. 2003.

[55] 易纲, 樊纲, 李岩. 关于中国经济增长与全要素生产率的理论思考 [J]. 经济研究, 2003 (8): 13 - 20.

[56] 殷德生,唐海燕. 技能型技术进步、南北贸易与工资不平衡 [J].
经济研究, 2006 (5): 106 – 114.

[57] 张定胜,汤颖男. 国际贸易、技术进步与工资不平等研究评述
[J]. 经济学动态, 2010 (4): 115 – 121.

[58] 张杰,卜茂亮,陈志远. 中国制造业部门劳动报酬比重的下降及其
动因分析 [J]. 中国工业经济, 2012 (5): 57 – 69.

[59] 张俊,钟春平. 偏向型技术进步理论:研究进展及争议 [J]. 经济
评论, 2004 (5): 148 – 160.

[60] 张莉,李捷瑜,徐现祥. 国际贸易、偏向型技术进步与要素收入分
配 [J]. 经济学(季刊), 2012, 11 (1): 409 – 428.

[61] 张勇,古明明. 再谈中国技术进步的特殊性——中国体现式技术进
步的重估 [J]. 数量经济技术经济研究, 2013 (8): 3 – 19.

[62] 张宇,蒋殿春. FDI、产业集聚与产业技术进步——基于中国制造
行业数据的实证检验 [J]. 财经研究, 2008 (1): 72 – 82.

[63] 赵志耘,吕冰洋,郭庆旺等. 资本积累与技术进步的动态融合:中
国经济增长的一个典型事实 [J]. 经济研究, 2007 (11): 18 – 31.

[64] 赵自芳. 生产要素市场扭曲的经济效应——基于中国转型时期的实
证研究 [D]. 浙江大学, 2007.

[65] 郑京海,胡鞍钢. 中国改革时期省际生产率增长变化的实证分析
(1979—2001 年) [J]. 经济学:季刊, 2005 (1): 263 – 296.

[66] 郑玉歆. 全要素生产率的再认识——用 TFP 分析经济增长质量存在
的若干局限 [J]. 数量经济技术经济研究, 2007 (9): 3 – 11.

[67] 郑振雄,刘艳彬. 要素价格扭曲下的产业结构演进研究 [J]. 中国
经济问题, 2013 (3): 68 – 78.

[68] 中国经济增长与宏观稳定课题组. 资本化扩张与赶超型经济的技术
进步 [J]. 经济研究, 2010 (5): 4 – 21.

[69] 周叔莲,王伟光. 科技创新与产业结构优化升级 [J]. 经济要参,
2001 (40): 12 – 26.

[70] 庄卫民. 产业发展与技术进步 [M]. 上海:立信会计出版社,

2003, 24.

二、英文部分

[1] Acemoglu D. Why Do New Technologies Complement Skills? Directed Technical Change and Wage Inequality [J]. Daron Acemoglu, 1997, 113 (4): 1055 - 1089.

[2] Acemoglu D. Changes in Unemployment and Wage Inequality: an Alternative Theory and some Evidence [R]. National Bureau of Economic Research, 1998.

[3] Acemoglu D, Zilibotti F. Productivity Differences [J]. General Information, 2001, 116 (2): 563 - 606.

[4] Acemoglu D. Directed Technical Change [J]. The Review of Economic Studies, 2002, 69 (4): 781 - 809.

[5] Acemoglu D. Labor-and Capital-Augmenting Technical Change [J]. Journal of the European Economic Association, 2003, 1 (1): 1 - 37.

[6] Acemoglu D. Patterns of Skill Premia [J]. The Review of Economic Studies, 2003, 70 (2): 199 - 230.

[7] Acemoglu D, Guerrieri V. Capital Deepening and Non-Balanced Economic Growth [J]. Veronica Guerrieri, 2006, 116 (3): 467 - 498.

[8] Acemoglu D. Equilibrium Bias of Technology [J]. Econometrica, 2007, 75 (5): 1371 - 1409.

[9] Antràs P. Is the U. S. Aggregate Production Function Cobb-Douglas? New Estimates of the Elasticity of Substitution [J]. The BE Journal of Macroeconomics, 2004, 4 (1), Article 4.

[10] Arrow K. J. , Solow R. M. Capital-Labor Substitution and Economic Efficiency [J]. Review of Economic and Statistics, 1961, 43 (3): 225 - 250.

[11] Autor D. H. Wiring the labor market [J]. Journal of Economic Perspectives, 2000, 15 (1): 25 - 40.

[12] Autor D. H. , Katz L. F. , Kearney M. S. The Polarization of the U. S.

Labor Market［J］. GeneralInformation, 2006, 96（2）: 189 – 194.

［13］Bai, Chong-En, Chang-Tai Hsieh and Yingyi Qian. The Return of Capital in China［J］. NBER, Working Paper, 2006, 12755.

［14］Barrell R, Pain N. Foreign Direct Investment, Technological Change, and Economic Growth within Europe［J］. The Economic Journal, 1997, 107（445）: 1770 – 1786.

［15］Bentolila S. , Saint-Paul G. Explaining Movements in the Labor Share［J］. The BE Journal of Macroeconomics, 2003, 3（1）: 1103 – 1137.

［16］Blanchard O J, Nordhaus W D, Phelps E S. The Medium Run［J］. Brookings Papers on Economic Activity, 1997, 4（2）: 89 – 158.

［17］Boucekkine R, Río F D, Licandro O. Embodied Technological Change, Learning-By-Doing And The Productivity Slowdown［J］. The Scandinavian Journal of Economics, 2003, 105（1）: 87 – 98.

［18］Bratti M. , Matteucci N. Is There Skill-Biased Technological Change in Italian Manufacturing? Evidence from Firm-Level Data［J］. General Information, 2004, 202（1）: 1 – 46.

［19］Caves R E. Multinational Firms, Competition, and Productivity in Host-Country Markets［J］. Economica, 1974, 41（162）: 176 – 193.

［20］Caves D. W. , Diewert L. R. C. A. W. E. Multilateral Comparisons of Output, Input, and Productivity Using Superlative Index Numbers［J］. Economic Journal, 1982, 92（365）: 73 – 86.

［21］Cecilia K. , Ying L. Estimating Cross-country Technical Efficiency, Economic Performance and Institutions-A Stochastic Production Frontier Approach, in Proceeding of 29th General Conference［C］. Finland: Joensuth.

［22］Chacholiades, M. International Trade Theory and Policy［M］. New York, McGraw-Hill, 1978.

［23］Charnes A. , Cooper W. W. , Rhodes E. Measuring the Efficiency of Decision Making Units［J］. European Journal of Operational Research, 1978, 2（78）: 429 – 444.

［24］Chen E. K. Y. The Total Factor Productivity Debate: Determinants of Economic Growth in East Asia ［J］. Asian-Pacific Economic Literature, 1997, 11 (1): 18 – 38.

［25］Clague C. Foreign trade liberalization: Transformations in Socialist and Market Economies ［M］. Boulder, CO: Westview Press, 1991.

［26］Coe D T, Helpman E. International R&D Spillovers ［J］. General Information, 1995, 39 (94): 859 – 887.

［27］Cummins J. G, Violante G L. Investment-Specific Technical Change in the US (1947 – 2000): Measurement and Macroeconomic Consequences ［J］. Review of Economic Dynamics, 2002, 5: 243 – 284.

［28］Dasgupta P, Stiglitz J. Industrial Structure and the Nature of Innovative Activity ［J］. General Information, 1980, 90 (358): 266 – 293.

［29］David, P. A., and Klundert T. Biased Efficiency Growth and Capital-Labor Substitution in the U. S. , 1899 – 1960 ［J］. American Economic Review, 1965, 55 (3): 357 – 394.

［30］Drandakis E. M. , Phelps E. S. A Model of Induced Invention, Growth and Distribution ［J］. 1966, 76 (304): 823 – 840.

［31］Duffy, J. , and Papageorgion C. A Cross-Country Empirical Investigation of the Aggregate Production Function Specification ［J］. Journal of Economic Growth, 2000, 5 (1): 87 – 120.

［32］Fare R, Grosskopf S. Productivity Growth, Technical Progress, and Efficiency Change in Industrialized Countries ［J］. American Economic Review, 1994, 84 (1): 66 – 83.

［33］Felipe J. Total Factor Productivity Growth in East Asia: A Critical Survey ［J］. The Journal of Development Studies, 1997, 35 (4): 1 – 41.

［34］Fellner W. Two Proposition in the Theory of Induced Innovations ［J］. The Economic Journal, 1961, (71): 305 – 308.

［35］Findlay R. Relative Backwardness, Direct Foreign Investment, and the Transfer of Technology: a Simple Dynamic Model ［J］. The Quarterly Journal of

Economics, 1978, (1): 1 – 16.

[36] Fisher, M. F. Embodied Technical Change and the Existence of an Aggregate Capital Stock [J]. Review of Economic Studies, 1965, 32 (4): 263 – 288.

[37] Gancia G, Zilibotti F. Technological Change and The Wealth of Nations [J]. Annu. Rev. Econ. , 2009, 1 (1): 93 – 120.

[38] Gordon R J. The Measurement of Durable Goods Prices [J]. National Bureau of Economic Research Books, 1990.

[39] Gordon R J. The Measurement of Durable Goods Prices [M]. Chicago: University of Chicago Press, 1990, 1 – 234.

[40] Grandville O D L, Grandville O D L. In Quest of the Slutsky Diamond [J]. American Economic Review, 1989, 79 (3): 468 – 481.

[41] Greenwood J, Krusell P. Long-Run Implications of Investment-Specific Technological Change [J]. General Information, 1997, 87 (3): 342 – 362.

[42] Greenwood J, Seshadri A. The US Demographic Transition [J]. General Information, 2002, 92 (2): 153 – 159.

[43] Grossman G M, Helpman E. Innovation and Growth in the Global Economy [J]. General Information, 1993.

[44] Guscina A. Effects of Globalization on Labor's Share in National Income [R]. IMF Working Papers, 2007.

[45] Harrison A. Has Globalization Eroded Labor's Share? Evidence from Cross-Country Data [J]. Manuscript in Progress, 2003.

[46] Howitt P, Aghion P. Capital Accumulation And Innovation As Complementary Factors In Long-Run Growth [J]. Journal of Economic Growth, 1998, 3 (2): 111 – 130.

[47] Isaksson A, Branch U N I D O R A S, Organization U N I D. Productivity and Aggregate Growth : A Global Picture [R]. Staff working paper, 2007.

[48] Ji, L. Rethinking Directed Technical Change with Endogenous Market Structure [C]. DEGIT Conference Papers, 2011.

[49] Jorgenson D W. , Nishimizu M. U. S. and Japanese Economic Growth, 1952 – 1974: An International Comparison. [J]. General Information, 1978, (352): 707 – 726.

[50] Jorgenson D W. , Stiroh K J. U. S. Economic Growth at the Industry Level [J]. American Economic Review, 2000, 90 (2): 161 – 167.

[51] Keller W. International Technology Diffusion [R]. National Bureau of Economic Research, 2001.

[52] Kennedy, C. Induced Bias in Innovation and the Theory of Distribution [J]. The Economic Journal, (74): 541 – 547.

[53] Kiley M T. The Supply of Skilled Labor and Skill-Biased Technological Progress [J]. Economic Journal, 1999, 109 (10): 708 – 724.

[54] Klump R. , McAdam P. , Willman A. Factor Substitution and Factor-Augmenting Technical Progress in the United States: a Normalized Supply-Side System Approach [J]. The Review of Economics and Statistics, 2007, 89 (1): 183 – 192.

[55] Klump R, McAdam P, Willman A. Unwrapping Some Euro Area Growth Puzzles: Factor Substitution, Productivity and Unemployment [J]. Journal of Macroeconomics, 2008, 30 (2): 645 – 666.

[56] Klump R, McAdam P, Willman A. The Normalized CES Production Function: Theory and Empirics [J]. Journal of Economic Surveys, 2012, 26 (5): 769 – 799.

[57] Kokko A, Tansini R, Zejan M C. Local technological capability and productivity spillovers from FDI in the Uruguayan manufacturing sector [J]. The Journal of Development Studies, 1996, 32 (4): 602 – 611.

[58] Krugman P. Increasing Returns and Economic Geography [J]. Journal of Political Economy, 1991, 99 (3): 483 – 499.

[59] León-Ledesma M A, McAdam P, Willman A. In Dubio pro CES: Supply Estimation with Mis-Specified Technical Change [R]. European Central Bank, 2010.

［60］Li X, Liu X, Parker D. Foreign Direct Investment and Productivity Spillovers in the Chinese Manufacturing Sector ［J］. EconomicSystems, 2001, 25（4）: 305 - 321.

［61］Licandro O., Durán J., Ucelay J R. The Measurement of Growth Under Embodied Technical Change ［J］. Recherches Economiques De Louvain, 2002, (1 - 2): 7 - 19.

［62］Lucas, R E. On the Mechanics of Economic Development ［J］. Journal of Monetary Economic, 1988, (22): 3 - 42.

［63］Nordhaus W D. Some Skeptical Thoughts on the Theory of Induced Innovation ［J］. The Quarterly Journal of Economics, 1973, 87（2）: 208 - 219.

［64］OECD. Economic Survey of China ［R］. Working Papers, 2005, (13): 128.

［65］Pakko M R. Investment-Specific Technology Growth: Concepts and Recent Estimates ［J］. General Information, 2002, (vember): 37 - 48.

［66］Panik M. J. Factor Learning and Biased Factor-Efficiency Growth in the United States, 1929 - 1966 ［J］. International Economic Review, 1976, 7（3）: 733 - 739.

［67］Petropoulos W. Industry Productivity Dynamics and Unmeasured Capacity Utilization ［J］. Working Paper, 1999 (11): 1 - 24.

［68］Poterba J M. The Rate of Return to Corporate Capital and Factor Shares: New Estimates Using Revised National Income Accounts and Capital Stock Data ［R］. NBER Working Papers, 1998, (98): 211 - 246.

［69］Ripatti A. Declining Labour Share-Evidence of a Change in Underlying Production Technology? ［R］. Bank of Finland Discussion Papers, 2001, 10.

［70］Romer P M. Increasing Returns and Long-Run Growth ［J］. Journal of Political Economy, 1986, 94（5）: 1002 - 1037.

［71］Romer, P M. Endogenous Technological Change ［J］. Journal of Political Economy1990, 98（5）: 71 - 102.

［72］Sakellaris P, Wilson D J. The Production-Side Approach to Estimating

Embodied Technological Change ［J］. Social Science Electronic Publishing, 2000.

［73］ Samuelson P A. A Theory of Induced Innovation along Kennedy-Weisäcker Lines ［J］. The Review of Economics and Statistics, 1965, (4): 343 – 356.

［74］ Sato R. The Estimation of Biased Technical Progress and the Production Function ［J］. International Economic Review, 1970, 11 (2): 179 –208.

［75］ Sato R. , Morita T. Quantity or Quality: the Impact of Labour Saving Innovation on US and Japanese Growth Rates, 1960 – 2004 ［J］. Japanese Economic Review, 2009, 60 (4): 407 –434.

［76］ Schmidt P. , Sickles P. C. Production Frontiers and Panel Data ［J］. Journal of Business and Economic Statistics, 1984, 2 (4): 367 –374.

［77］ Schmookler J. Invention and Economic Growth ［M］. Cambridge: Harvard University Press, 1966.

［78］ Sjöholm F. Technology Gap, Competition and Spillovers from Direct Foreign Investment: Evidence from Establishment Data ［J］. The Journal of Development Studies, 1999, 36 (1): 53 –73.

［79］ Solow, Robert M. Investment and Technical Progress. In: K. J. Arrow, S. Karlin, and P. Suppes, eds. , Mathematical Methods in the Social Sciences, Stanford: Stanford University Press, 1960, 89 –104.

［80］ Uzawa H. Optimum Technical Change in An Aggregative Model of Economic Growth ［J］. International Economic Review, 1965, 6 (1): 18 –31.

［81］ Wacziarg R. Review of Easterly's The Elusive Quest for Growth ［J］. Journal of Economic Literature, 2002, 40: 907 –918.

［82］ Wang J Y, Blomström M. Foreign Investment and Technology Transfer: A Simple Model ［J］. European Economic Review, 1992, 36 (1): 137 –155.

［83］ Watanabe C, Kishioka M, Nagamatsu A. Effect and Limit of the Government Role in Spurring Technology Spillover—a Case of R&D Consortia by the Japanese Government ［J］. Technovation, 2004, 24 (5): 403 –420.

［84］ Wilkinson M. Factor Supply and the Direction of Technological Change

[J]. The American Economic Review, 1968, 58 (1): 120 – 128.

[85] Wood A. North-South Trade, Employment and Inequality [M]. Oxford: Clarendon Press, 1994.

[86] Xu B. Factor Bias, Sector Bias, and the Effects of Technical Progress on Relative Factor Prices [J]. Journal of International Economics, 2001, 54 (1): 5 – 25.

[87] Xu, B. Endogenous Technology Bias, International Trade, and Relative Wages [R]. University of Florida Working Paper 2001, 24.

[88] Young A. Gold into Base Metals: Productivity Growth in the People's Republic of China during the Reform Period [J]. Journal of Political Economy, 2000, (6): 1220 – 1261.

[89] Yuhn, K. Economic Growth, Technical Change Biases, and the Elasticity of Substitution: A Test of the De La Grandville Hypothesis [J]. The Review of Economics and Statistics, 1991, 73 (2): 340 – 346.